Dr. Georg Rupp

Befreiung aus dem Hin und Her des Lebens

Dr. phil. Georg Rupp

BEFREIUNG AUS DEM HIN & HER DES LEBENS

Lass dein Herz entscheiden

SILBERSCHNUR

MIX
Papier aus verantwortungsvollen Quellen
FSC® C014138

ISBN: 978-3-89845-355-4

1. Auflage 2012

Autorenfoto: Fotostudio Christian Kaufels, Krefeld
Gestaltung & Satz: XPresentation, Güllesheim
Umschlaggestaltung: XPresentation, Güllesheim; unter Verwendung des Motivs #5613645, www.fotolia.de
Druck: Finidr, s.r.o. Cesky Tesin

Verlag »Die Silberschnur« GmbH
Steinstraße 1 · D-56593 Güllesheim
www.silberschnur.de · E-Mail: info@silberschnur.de

Für Claudia

und alle Menschen,

die mit dem Herzen sehen.

Inhaltsverzeichnis

In Einfachheit und Veredelung liegt Reichtum.

Laotse (6. Jahrhundert v. Chr.)
Chinesischer Philosoph

I. Reduziere deine Möglichkeiten – entscheide dich!

Nichts ist unmöglich. Also alles erreichbar. Überfluss und scheinbar endlose Wahlmöglichkeiten im Reich der Freiheit. Alles hier und alles jetzt – Wunscherfüllung auf Bestellung. Und dennoch – wir kriegen nie genug.
Da stimmt doch was nicht.

Die **Multioptionsgesellschaft** (alles steht zur Verfügung) macht uns leider nicht glücklicher. Ganz im Gegenteil. Wenn wir alle Möglichkeiten haben, wächst in vielen von uns die Angst, nicht alle ausschöpfen zu können, ja die wesentlichen Angebote des Lebens zu verpassen.

»Das kann doch nicht alles gewesen sein!« ist ein Auslöser für Lebensumbrüche. Sie können auf direktem Wege in die psychologische Zwickmühle der Nichtentscheidung oder geradewegs ins Scheitern führen. So wird aus den viel zitierten Glücksformeln oft eine »Anleitung zum Unglücklichsein«.

Der Philosoph Richard David Precht[1] beschreibt die Erhöhung der Wahlmöglichkeiten als eine der vielen Ursachen für menschliche Unzufriedenheit. Schon die Rolling Stones wussten: **You can't always get what you want.**[2] Heiko Ernst, Psychologe, sieht »so vieles, was zu wollen sich lohnen würde. Wir wollen abnehmen, gesund bleiben, uns verwirklichen, etwas dazulernen, auf hundert Arten glücklich sein: ein Überfluss an Zielen«, die wir sinnvollerweise reduzieren sollten.[3]

Die Vielfalt überfordert uns. »Auf der Suche nach der Erfüllung ihrer Sehnsüchte verirren sich immer mehr Menschen«, sagt der Hirnforscher Gerald Hüther. »Sie haben kein Zeitproblem, sondern ein **Gewichtungsproblem.**«[4] Sie wissen nicht mehr, was bedeutsam ist.
Wer aber sicher ist, was in seinem Leben zählt, was Sinn und Wert besitzt, der braucht nicht ständig nach Neuem zu gieren.

Wenn die Wahlmöglichkeiten kleiner werden, wird auch die Überforderung kleiner. Reduziere also deine Möglichkeiten – und scheide Wesentliches von Unwesentlichem. **So gewinnst du mehr Freiheit und Energie!**[5]

1. Nimm Überflüssiges weg!

Perfektion ist nicht dann erreicht, wenn man nichts mehr hinzufügen, sondern wenn man nichts mehr weglassen kann.

Antoine de Saint-Exupéry (1900-1944)
Französischer Schriftsteller

Wenn wir Menschen zu unserer Essenz kommen wollen, zur wahren Tiefe unserer Talente und zur Größe unserer Fähigkeiten, müssen wir nichts mehr hinzufügen. Ganz im Gegenteil: Wir müssen etwas wegnehmen! Wir müssen etwas verlieren, um etwas zu gewinnen.

1.1 Lehrbeispiel 1: Michelangelo und der Diamant

Ein Meister des Wegnehmens war der weltberühmte Künstler Michelangelo Buonarroti. Sein biblischer **David**, zwischen 1501 und 1504 in Florenz entstanden, gilt als die bekannteste Skulptur der Kunstgeschichte. Michelangelo, dem großen Genie, stand ein riesiger Marmorblock aus Carrara zur

Verfügung, den zwei andere Bildhauer in grob behauenem Zustand hinterlassen hatten.

Es ist überliefert, dass der Künstler nach der Vollendung seines Werkes Folgendes gesagt haben soll: Schon von Anfang an sah ich im Marmorblock den David in seiner ganzen Größe und Gestalt. Ich brauchte also nichts hinzuzufügen. **Ich musste nur wegnehmen, was nicht David war.**

Neben diesem markanten Steinbild hat sich uns als zweiter Archetypus ein biblisches Bild aus der lebendigen Gartenwelt eingeprägt[6]: das **Gleichnis vom Rebstock.**[7] Selbst das organische Wachstum braucht, um reichlich Frucht zu tragen, das Beschneiden der Bäume und der Reben.

Wenn ich Liebe und Achtsamkeit konzentriere,
gewinne ich Energie.

Aus der Meditation

Zu unserer wahren Größe können wir nur finden, wenn wir von innen strahlen. Auch **der innere Diamant**, unser Herz, unsere Seele, strahlt, wenn wir ihn nicht zuschütten, sondern unseren Kern freilegen, wenn wir weglassen, was wir nicht sind.
Es geht jetzt darum, das Leben zu feilen. Das heißt, stimmig zu sein mit den Dingen, die uns umgeben – auch mit den Menschen.

Wenn wir unsere Möglichkeiten reduzieren, erweitern wir gleichzeitig unsere Fähigkeit, uns auf **das Wesentliche** unseres Lebensweges zu konzentrieren.

Wir sollen nimmer ruhen, die zu werden,
die wir in Gott von Anbeginn gewesen sind.

Meister Eckhart (1260-1328)
Theologe, Philosoph und Mystiker

Das alles braucht einen längeren Atem, braucht Geduld, die wir in dieser hektischen Zeit oft nicht haben (wollen). Auf geistig-seelischer Ebene bedeutet Reifung aber: Auch die Qualität unseres Herzens, unser inneres Feuer, braucht eine Zeit der Entwicklung, bis die Essenz, unsere eigene Identität[8], wieder spürbar wird. Identität heißt schließlich: Einssein mit sich selbst. Diese Reifung ist für jeden von uns nur möglich durch Hingabe und Konzentration auf das, was jedem eigen ist, was jeder in unverwechselbarer Weise leben und geben kann. Das erfordert Herzentscheidungen.

Von Herzen kannst du dich sinnvollerweise nur für das entscheiden, was du als Gabe mit auf den Weg bekommen hast. An einem Apfelbaum kann keine Zitrone wachsen. Es geht also nur **mit** deiner eigenen Person, nicht **gegen** sie.

Du kannst es aber auch nicht alleine. Auch du hast – wie jeder von uns – »blinde Flecken«, kannst dich selbst also in deiner wahren Identität nicht vollends beleuchten. Deshalb sollten wir – im besten Sinne des Wortes – **Diamantenschleifer** füreinander sein. Helfen wir uns gegenseitig, an der richtigen Stelle, mit nie nachlassendem Mut und mit Herzensgüte, unsere Talente auszuformen und zum Kern unseres Seins zu gelangen. Aber merken wir uns auch: Aus einer Orange kann man keinen Pfirsichsaft pressen.

1.2 Wie reduziere ich meine Möglichkeiten?

Indem du einen Entschluss fasst. Er heißt: loslassen!

Wer reifen will, darf nicht festhalten.

Willigis Jäger
Benediktiner und Zen-Meister

Denn wer loslässt, hat die Hände frei.
Aber loslassen heißt entscheiden!

Wie kannst du das trainieren?
In kleinen Schritten, mit kleinen Übungen in deinem Alltag.

- Wenn du dir drei Kleidungsstücke ausgesucht hast und ein Teil zurückhängst, lässt du deine Maßlosigkeit los.

- Wenn du deine Wohnung entrümpelst, dich von überflüssigen Sachen trennst, lässt du deinen Müll los.
- Wenn du abspeckst, lässt du Schwere los.
- Wenn du dich in Toleranz übst, lässt du deine Selbstherrlichkeit los.
- Wenn du »nein« sagst, lässt du dein Bedürfnis, gebraucht zu werden, los.
- Wenn du den Augenblick genießen lernst, lässt du die Kompliziertheit deines Lebens los.
- Wenn du dir sagst, dass du wertvoll bist – und daran glaubst, es verinnerlichst –, lässt du deine Komplexe los.
- Wenn du den Menschen mit einem Lächeln begegnest, lässt du deine Ängste los.

Konzentriere dich: Was ist wesentlich?
Was kannst, was musst du loslassen?

Befreie dich vom Zwang, vom Rausch, von der Sammelleidenschaft, von dem, was du nicht wirklich brauchst, von deinem Perfektionismus, deiner Selbstüberschätzung, deiner Selbsterniedrigung. Auch von deiner Opferhaltung, deiner Unehrlichkeit, deinem unreifen Harmoniebedürfnis.

Lass die **Schuldgefühle** los, sie sind immer rückwärtsgerichtet. Du glaubst, etwas getan zu haben, was du nicht hättest tun dürfen. Oder du glaubst, etwas unterlassen zu haben, was du unbedingt hättest tun müssen.

Lass deine **Sorgen** los. Sie vernebeln die Zukunft. Außerdem weißt du nicht, ob sich die Dinge so entwickeln, wie du befürchtest. Du lebst nur im Hier und Jetzt. Deshalb sind Schuldgefühle und Sorgen die überflüssigsten Gefühle, die es gibt.[9]

Also, entscheide dich, **lass los!**

Lebe nur für den Augenblick.
Die Zukunft wird sich von selbst ergeben.
Nichts existiert außer dem Augenblick.

Weisheit der Shaolin

Wenn du loslässt, lebst du im Hier und Jetzt. Denn jetzt, diese Sekunde oder Hundertstelsekunde, ist die einzige Zeitspanne, die du hast. Das Vorhin ist vorbei, unwiederholbar. Das Nachher, die Zukunft, ist bestenfalls ein Versprechen. **Jetzt** – nichts anderes zählt für dein Leben. Wenn du im Jetzt lebst, lebst du offen und bewusst. Mit all deinen Sinnen.
Wer mit seinen Sinnen lebt, wird sich seines Selbst bewusst. Wird selbstbewusst.

Du brauchst nur eins zu tun: **dich zu öffnen** (indem du loslässt) **und zu vertrauen** (auf dein Herz).

»Das ist leicht gesagt. Ich habe es immer wieder versucht. Aber es gelingt mir nicht. Ich weiß nicht, woran das liegt«, höre ich in Gesprächen sehr oft.
Eine Erklärung dafür ist, dass der Prozess des Loslassens zahlreiche Unwägbarkeiten enthält. Sicherheit und unser machtvoller Wunsch nach Bindung sind aber biologisch verankerte Grundbedürfnisse, während Unsicherheit bei den meisten Menschen Unbehagen oder Angst auslöst.

Im Vertrauen gesagt: Alles, was du brauchst, hast du in dir. Dein Herz allein ist der Kompass für deine Konzentration auf das Wesentliche. Und für die Verbindung zum Licht.

⊙ ⊙ ⊙

Ich spreche in diesem Buch an verschiedenen Stellen von Licht, von Gott oder von einer göttlichen Energie.

Solltest du mit diesen Begriffen Schwierigkeiten haben, weil für dich beispielsweise die Existenz Gottes keine Rolle spielt oder eine andere Lebensphilosophie gilt, so kannst du Licht, Urkraft, Urexistenz für dich auch mit reiner Energie, Glück oder innerem Reichtum übersetzen. Wähle das, was dir guttut.

Wenn wir uns in diesem Sinne verstehen, kann ich leichten Herzens die folgenden Zeilen schreiben:

Manchmal, in der Stille der Meditation, wenn du im Freiraum deiner Seele bist, hast du Anteil am reichen Wissen aller Zeiten. In einem solchen Zustand wurden mir Inspirationen und Eingebungen geschenkt, die in diesem Buch an verschiedenen Stellen im Frage-Antwort-Stil eingefügt sind.[10]

Ganz gleich, wo du stehst, es ist deine Entscheidung.
Wo immer du stehst, du stehst immer im Licht.

Aus der Meditation

Manchmal scheint die Verbindung zum Göttlichen aber gerissen, selbst spirituell entwickelte Menschen fühlen sich nicht mehr eins mit dem Licht. Erleben sich zweifelnd, hadernd, im Stich gelassen. Finden sich wieder im ewigen Hin- und Hergerissensein. Verfangen sich in Rückschlägen aller Art.

Warum lässt Gott diese Rückschläge zu?

1.3 Meditation: Warum gibt es immer wieder Rückschläge im Leben?

Frage: Warum gibt es immer wieder Rückschläge im Leben?

Antwort: Alles, auch das, was scheinbar nicht passt, führt dich weiter auf deinem Weg in das Licht.

Gedanke: Ich habe eher den Eindruck, es hält mich auf.

Antwort: Du lernst auch an diesen Widerständen. Sie bringen dich voran.

Gedanke: Ich habe eher den Eindruck, sie werfen mich zurück.

Antwort: Widerstände sind die Leitplanken deines Lebens.

Du bist häufig über Grenzen gegangen, hast dich verzettelt, hast deine Energien links und rechts des Stromes verbraucht.

Verschwende deine Energie nicht mehr in den Seitentälern des Lebens.
Komm in dein Herz.
Und lass dich mitreißen vom Licht und von der Liebe Gottes.

Begrenze dein Engagement im Äußeren.
Halte ein. Komm zur Ruhe und zu dem, was wesentlich ist.

Dann drehst du dich nicht mehr im Kreis.
Dann siehst du wieder durch den Nebel hindurch.
Dann spürst du die Anziehungskraft des Lichtes.
Dann findest du deinen Weg mit Rosenblättern bestreut.
Dann wird das Leben leichter, denn es hat dann Ziel und Sinn.

Frage: Wie kann ich eine Entscheidung treffen für den inneren Weg, wenn im Außen Stress und Hektik ohne Ende herrschen?

Antwort: Es geht um eine **grundsätzliche Entscheidung.**

Du musst bestimmte Pflichten im Außen erledigen. Du kannst ja nicht einfach deinen Beruf an den Nagel hängen – und das sollst du ja auch nicht.

Aber es ist ein Unterschied, ob du dich von den Kräften der Außenwelt bis in deinen innersten Kern beeinflussen lässt – oder ob du dir klargemacht hast:

Ich lebe von innen nach außen.

Auch im Trubel des Alltags, auch in den Mühen und Anforderungen des Tages.

Es ist deine Entscheidung:

Gehe ich mit meiner Kraft, meiner Konzentration, meiner Energie nach innen – ins Herz, in die Seele, ins Sternum[11], um mich von hier dem Außen zu stellen?

Oder lasse ich mich hin- und herzerren von den Randerscheinungen des Lebens, von den Beliebigkeiten der Oberfläche?

Dann wirst du kraftlos, denn du bist dann abgeschnitten von deiner Kraftquelle, die im Herzen liegt.

Gehe also tagtäglich zuerst in dein Herz, in deine Seele.
Schöpfe Kraft aus deinem Inneren, aus der Anbindung an Gott, der in dir ist.

Und du wirst niemals kraftlos werden.
Du wirst niemals hoffnungslos werden.
Du wirst niemals lieblos werden.

Die **Liebe,** die du aus deiner inneren Quelle tagtäglich schöpfen kannst, ist deine Verbindung zu allem, was ist.

Die Liebe schenkt dir die **Kraft,** alle Hindernisse zu überwinden.

Sie schenkt dir die **Sanftmut** und die **Güte,** jeden und alles als Geschenk annehmen zu können.

Sie schenkt dir das **Licht,** um dich selbst als Teil des schöpferischen Geistes erfahren zu können.

Wer in der Liebe bleibt, braucht sich um seinen Weg nicht zu sorgen.

Wer in der Liebe bleibt, dem werden immer wieder neue Türen geöffnet.

Wer in der Liebe bleibt, kann das Licht nicht länger verfehlen.

Das Licht begleitet dich überallhin.
Es ist das Leuchten deiner Seele.
Wir alle sind Teil des göttlichen Lichts.

Aus der Meditation

2. Konzentriere dich auf die Liebe!

Im Lehrbeispiel von Michelangelo und dem Diamanten geht es um das Weglassen des Überflüssigen.
Aber jede Reduzierung, jede Beschränkung, braucht eine Richtung, ein Ziel.
Der zweite Schritt handelt daher von der Konzentration auf das Wesentliche: die Liebe.

2.1 Lehrbeispiel 2: Jesus und der sinkende Petrus

Es gibt auch in den verschiedenen Religionen bedeutsame Hinweise auf die Verringerung der Möglichkeiten, um zum wahren Kern des Glaubens zu gelangen, wie zum Beispiel im bekannten Bibeltext: **Jesus geht auf dem Wasser** oder: **Der sinkende Petrus.**[12]

Um uns die bei Matthäus geschilderten Ereignisse plastischer vorstellen zu können, beschreibe ich sie hier wie einen **Kurzfilm** in sechs Bildsequenzen.[13]

1. **Rückzug**
   Die erste Einstellung ist auf Jesus gerichtet:

Er fordert seine Freunde auf, ins Boot zu steigen und vorauszufahren. Und er schickt die Menschen nach Hause, die unmittelbar vorher noch mit ihm gegessen hatten.
Jesus schafft um sich einen Raum des Rückzugs, der Stille und der Einsamkeit.

2. **Drohender Untergang**
   Zweite Einstellung: Das Chaos, die Bedrohung, die Gefährdung der Jünger auf dem See werden gezeigt.
   Ihr Boot ist weit vom sicheren Land entfernt. Die Wellen und der Sturm spielen mit dem Boot. Es herrscht Gegenwind.
   Jesus hat sich in die Gemeinschaft mit dem Vater zurückgezogen und die Seinen im Sturm und im Gegenwind des Lebens allein gelassen – ein Problem, mit dem die Gläubigen aller Zeiten zu kämpfen hatten.

3. **Angstvolle Begegnung**
   In der dritten Einstellung werden die ersten beiden Bilder zusammengeführt:
   Jesus kommt zur frühen Morgenstunde auf die Jünger im Boot zu. Er geht über das Wasser.
   Es ist eigenartig: Die Jünger sehen in ihrem Herrn und Meister ein Gespenst – bedrohlich, erschreckend und unwirklich.
   Die Angst hat ihren Blick verwirrt und ihr Herz zugeschnürt.

Sie erkennen Jesus nicht. Ihre Angst malt Fantasiebilder des Todes.
Jesus nähert sich der Angst und den Ängstlichen mit den Worten:
Habt Vertrauen.
Seine Worte lösen die Verkrampfung und die Angst. Er gibt sich zu erkennen als der, vor dem sie keine Angst zu haben brauchen, dem sie mitten in diesem Chaos vertrauen können.
Der Weg mit Jesus ist eine Einübung in das Vertrauen.[14]

4. **Im Zwiespalt von Angst und Liebe**
Das vierte Bild: Jesus lockt Petrus tiefer in das Wagnis auf Leben und Tod hinein.
Die Kamera richtet sich jetzt auf Petrus, diesen Menschen, der so oft zwischen kriecherischer Feigheit und halsbrecherischem Vertrauen hin- und herschwankt.
»Herr, wenn du es bist, dann befiehl, dass ich auf dem Wasser zu dir komme!«
Jesus sagt nur: »Komm!«

Du musst nicht über die Meere reisen,
du musst nur deinem Gott bis
zu dir selbst entgegengehen.

Bernhard von Clairvaux (1090-1153)
Mönch und Mystiker

5. **Überwindung der Angst im Vertrauen auf Jesus**
Das fünfte Bild: Jesus ermutigt Petrus zu einem Schritt des Vertrauens inmitten der Not – und Petrus macht diesen Schritt.
Es wird für Petrus ein Schritt ins Leben, obwohl alles nach Tod aussieht: der Sturm, das Gespenstische, das Wasser, das keine Balken hat – und dennoch trägt, weil Jesus nahe ist. Im Vertrauen auf Jesus ist auch Petrus dem Tod enthoben und mitten im Leben.
Sobald er aber den Blick von Jesus abwendet und wieder auf das schaut, was ihm Angst macht, droht er unterzugehen.[15]

Die Schritte des Petrus machen uns deutlich, was Glauben heißt: vermeintliche Sicherheiten zurücklassen und auf Jesus zugehen.
Der Weg in den Tod erweist sich als Weg der Wandlung. So wird diese Fahrt für die Jünger, vor allem für Petrus, ein **Aufbruch zu neuen Ufern.**

6. **Liebe und Gemeinschaft**
Sechstes Bild: Jesus und seine Jünger sind im Boot wieder vereint.
Das Bekenntnis »Wahrhaftig, du bist Gottes Sohn« ist Ausdruck des Vertrauens, das mitten im Chaos, mitten in der Angst in den Jüngern gewachsen ist.
Gott erweist sich im übertragenen Sinne auch als Herr über die Stürme in uns selbst. Er ist **Herr über unsere Zweifel.**[16]

Gott verspricht eine sichere Landung,
aber keine ruhige Reise.

Aus England

2.2 Liebe und Angst

Auch in anderen Weisheitslehren wird ein Gefühl, eine Empfindung als Gegenpol der Angst benannt, die ich früher nie als ihr Gegenüber wahrgenommen habe. Die Weisheitslehren sagen: Der Gegenpol zur Angst ist die **Liebe.**

In manchen Interpretationen sind der Liebe Vertrauen oder Glaube vorgeschaltet.
Glaube bedeutet, auf etwas Größeres zu setzen, das einem entgegenkommt, zu dem man sich bekennt, das einen aus der Angst reißt. So gesehen liegt Glaube nahe beim Vertrauen.
Liebe bedeutet insbesondere die Ur-Verbundenheit mit dem anderen.
Es sind zwei verschiedene, sich ergänzende Aspekte, die der Unendlichkeit der Angst das Wasser abgraben und ihr den Wind aus den Segeln nehmen.

Hass ist also nicht der wahre Gegenspieler der Liebe, sondern eher ein Teil von ihr: Ich kann den Menschen, den ich liebe, auch zeitweilig für ein bestimmtes Verhalten »hassen«, obwohl ich in der Tiefe weiß, dass ich ihn liebe.[17] Hass kann andererseits aber auch für die »enttäuschte Liebe« stehen, wenn ich meine Seele zutiefst verwundet sehe, ich mich meinen Leiden aber nicht stellen will oder kann.

Eines ist Tatsache: Wenn ich in der Liebe bin, kann ich nie gleichzeitig in der Angst sein.

Liebe ist immer angstfrei. Liebe ist beseelt. Wahre Liebe ist immer bedingungslos. Liebe stellt keine Fragen. Liebe ist.

Wenn du in deinem tiefsten Inneren gerade jetzt, in diesem Moment, die grenzenlose Liebe zu deinem Partner, zu deinen Kindern spürst, bist du ohne jede Angst. Bist du ohne jeden Zweifel. Ohne jedes Misstrauen. Ohne Sorge. Ohne Furcht. Ohne Ego.

Wo Liebe ist, da ist keine Furcht.
Die wirkliche Liebe vertreibt die Furcht.

1. Brief des Johannes, Kapitel 4, Vers 18

»Reduziere deine Möglichkeiten« bedeutet in diesem Zusammenhang auch: **Reduziere dich immer mehr auf das, was dich trägt und dich in der Verbindung hält: die Liebe.**

Schaffe in allem, was du tust, die Verbindung von Herz zu Herz. Lerne zu vertrauen. Denn im Zentrum der Liebe ist alles vorhanden. Und das heißt: Auch in dir ist alles vorhanden. Du warst, du bist und du wirst immer sein.

Letzten Endes zählt nur die Liebe.

Was wir am Ende unseres Lebens in Händen haben,
sind nicht unsere Leistungen und unsere Werke.
Wir werden uns zuerst und vor allem der Frage stellen müssen,
wie viel wir geliebt haben.

Willigis Jäger

So öffnet sich ein zweiter, **psychologischer Blickwinkel** auf Petrus:

Petrus stieg aus dem Boot und ging Jesus auf dem Wasser entgegen. Dabei schaute er auf ihn, hatte ihn fest im Blick. Ja, er bündelte im Vertrauen auf die Macht und Gnade Gottes seine ganze Konzentration auf die Gestalt, von der er sich die Erlösung von seiner Angst erwartete.
Denn Jesus ist der Wegbereiter der Liebe. Liebe in Vollkommenheit.

Solange Petrus vertrauensvoll die Liebe und **nichts als die Liebe** im Blick hatte, war er geschützt und geborgen. **Ganz im Hier und Jetzt.**

»Als er aber die hohen Wellen sah, erschrak Petrus, und im selben Augenblick begann er zu sinken.« Petrus, der die Liebe aus dem Blick verlor, sank in die Tiefen der menschlichen Angst, in den Gegenpol der Liebe.

Die Fokussierung auf die äußere Unruhe (Wellen) löste als Reaktion darauf sofort die innere Unruhe (Angst) aus. Das folgt dem **Resonanzprinzip:** Wie man in den Wald hineinruft, so schallt es heraus.

Diese Geschichte des Beinahe-Scheiterns zeigt uns, dass es nur eine Kraft gibt, die die Zweifel überwindet: bedingungslose Liebe. Zweifel, getrennt geschrieben, ist »Zwei-fel«, die Dualität, ist das Hin-und-her-Schwanken, die Nichtentschiedenheit.
Liebe ist Einheit, ist Verbindung mit dem Höheren Selbst, mit dem Om, Gott, Allah – oder wie immer wir den tragenden Grund, die Urexistenz nennen wollen.

Liebe ist die höchste Energie.

Die Liebe ist das Flügelpaar,
das Gott der Seele gegeben hat,
um zu ihm aufzusteigen.

Michelangelo Buonarroti (1475-1564)
Italienischer Bildhauer, Maler, Architekt und Dichter

2.3 Liebes-Meditation

Die Liebe ist die Basis.
Die Liebe ist der Urgrund.
Die Liebe ist der Halt.

Ohne Liebe keine Erde.
Ohne Liebe kein Himmel.
Ohne Liebe kein erfülltes Sein.

Darum festige die Basis deiner Liebe in dir.
Deiner Liebe zu dir.
Deiner Liebe zum Du.
Deiner Liebe zum Wir.
Deiner Liebe zur Natur.
Deiner Liebe zum Kosmos.

Lass Liebe strömen ...

Spüre, wie sie sich vereint
mit der kosmischen Energie,
mit der Liebe des Universums
und mit der göttlichen Liebe.

Liebe ist Geborgenheit.

Genieße dich in diesen Momenten deines Lebens.
Genieße deine Gefühle.
Genieße deine Kraft.
Genieße dein Lächeln,
deine Güte
und deine Weisheit.

Genieße die Menschen um dich herum.
Genieße ihr Lächeln,
ihre Güte
und ihre Weisheit.

Und jetzt schau dich um.
Und schau sie an.
Spüre ihre Gefühle.
Spüre ihre Güte und ihre Weisheit.

Spüre die Schwingung in dir und zwischen euch.
Spüre die Schwingung im Raum.
Fühle deine Verbundenheit mit allen und allem, was ist.
Spüre in dir eine stille, tiefe innere Stimme, die sagt:

»Danke. Danke für alle Liebe, die in mir lebendig ist!«

Liebe ist die schönste Energie,
die du dir und anderen schenken kannst.
Warum verschenkst du sie so selten?

Wenn du jetzt willst:
Mache dir und anderen ein Geschenk.

Sei verschwenderisch ...

Und jetzt komm zu dir zurück –
und konzentriere dich auf dein Herz.
Spüre diese tiefe Liebe,
die deinen ganzen Körper durchströmt.

Jetzt bist du im Einklang mit dir und dem Leben.
Und du kannst immer mehr Liebe verströmen,
denn es gibt keinen Mangel.

Liebe ist die stärkste Kraft im Universum.
Liebe ist die stärkste Kraft in dir.

Ich liebe.[18]

Wenn es ein einziges Bewusstsein gibt,
mit dem alles verbunden ist, und wenn wir wissen,
dass uns in Wirklichkeit nichts trennt,
wie einfach ist es dann, Liebe zu praktizieren.

Amit Goswami, Das bewusste Universum
Physiker

3. Gewinne mehr Freiheit und Energie!

3.1 Lehrbeispiel 3: Wissenschaft und Herzintelligenz®

Schon Aristoteles formulierte im 4. Jahrhundert vor Christus in seiner bekannten **Herzlehre:** »Die Seele regiert den Körper vom Herzen aus. Die Kraft, die das Herz antreibt, ist die Seele.«

Wir wissen auch, dass unser Gehirn in frühen Zeiten ganz schlicht als Instrument der Intelligenz des Herzens angesehen wurde. Wie der britische Anthropologe Desmond Morris berichtet, wurde damals »das Herz als die eigentliche Essenz des Menschen angesehen – als seine Intelligenz und Mittelpunkt seines Seins«.[19]

Im Jahre 1993 entdeckte der kanadische Neurobiologe Michael Gershon das zweite menschliche Gehirn, ein komplexes Nervengeflecht im Magen-Darm-Trakt. Interessanterweise sind heute erste wissenschaftliche Untersuchungen im Gange, die die **Existenz eines dritten Gehirns im Herzen** vermuten.[20] So forschen Doc Childre und sein Team im Institute of HeartMath® in Kalifornien am wissenschaftlichen Nachweis der Herzintelligenz®.[21]

Auf dem Europäischen Kongress des Milton-Erickson-Institutes Heidelberg über die Fortschritte der Energetischen Psychotherapie im Jahre 2007 stellte Dr. John Hartung vom Institute of HeartMath neuere Forschungsergebnisse vor. In den Untersuchungen wurde die elektromagnetische Ausstrahlung von Menschen an verschiedenen Stellen außerhalb des Körpers gemessen. Dabei verglich man auch die Ausstrahlung des Kopfes mit der des Herzens.

Die Ergebnisse lassen aufhorchen:
Die Energie, die außerhalb des Gehirns gemessen wurde, besaß eine durchschnittliche Abstrahlung von 2,5 bis 5 Zentimetern. Das bedeutet zumindest, dass auch Gedanken nicht an der Schädeldecke hängen bleiben.
Die Energie, die das Herz produziert, reichte aber viel weiter. Sie konnte noch in über 2,50 Meter Entfernung außerhalb des Körpers gemessen werden.

Die Herzenergie ist demnach bis zu hundertmal stärker als die elektromagnetische Schwingung unseres Gehirns! Außerdem laufen wesentlich mehr Nervenleitungen vom Herzen zum Gehirn als umgekehrt.

Dr. Hartung geht sogar noch weiter: »Es ist gut vorstellbar, dass die Energie des Herzens unbegrenzt wirksam ist. **Wahrscheinlich sind wir alle über die Energien unserer Herzen miteinander verbunden.**«

Skeptiker werden einwenden, dass das Herz in dieser Anschauung völlig überbewertet wird und der menschliche Verstand, die menschliche Vernunft oder die zweiwertige Logik – nach dem Prinzip »wahr oder falsch« – dabei eine zu geringe Rolle spielen. Ihnen sei gesagt, dass sie natürlich beides haben: recht und unrecht.
Sie haben insofern recht, dass die Verknappung, die Konzentration auf das Herz, nur einer von mehreren Wegen für Menschen ist, die unter der Qual der Nichtentscheidung leiden und aus Angst vor der falschen Entscheidung im Status quo verharren. Natürlich sollen wir unseren Verstand, unser Großhirn, nicht ausschalten. Da die Logik aber nur für begrenzte Bereiche unserer Wirklichkeit gilt, können wir uns nicht allein auf unsere Vernunft und Logik verlassen. Wer sich so verhält, legt sich selbst Fesseln an. Denn er nutzt nur geringe Anteile seiner ganzheitlichen Intelligenz.

Auf die Vernunft sollte man nicht immer hören
– auf die Intuition unbedingt.

Gerhard Roth
Hirnforscher

Reduktion bedeutet für mich nicht nur die Verringerung der Möglichkeiten, sondern auch **Verdichtung.** Wenn wir unsere Entscheidungen am Dreh- und Angelpunkt, im Herzen überprüfen, nutzen wir es wie ein Brennglas, um das innere Feuer zu entfachen.

Und deshalb:
Fangen wir nicht mit dem Verstand, **fangen wir mit dem Herzen an!**

Der Weg nach innen zur Weisheit des Herzens ist der Weg der guten Entscheidung und letztlich der Schlüssel zu einem erfüllten Leben.

3.2 Das Geheimnis der Schamanen

Ich traf den Träger des Schamanen-Gürtels der Huichols, den Heiler Brant Secunda[22], auf Kreta. Die Huichol-Indianer leben seit unzähligen Jahren in den zerklüfteten Abhängen und tiefen Schluchten der Sierra Madre in Mexiko.
Eine Hauptabsicht der schamanischen Rituale der Huichol-Indianer ist: innere Energie ins Leben, ins Herz zu bringen. Dazu setzen sie sich ans Feuer.

Ich frage Brant, warum das **Feuer** so wichtig sei.

Brant Secunda:
»Das Feuer ist Teil der genetischen Erinnerung, es ist im Herzen. Höre, was das Feuer dir erzählen will. Meditiere mit dem Feuer – am besten mit offenen Augen.«

Ich will mehr wissen:
»Du hast vorhin gesagt, die **Brustmitte** ist der Eingang.[23] Der Eingang wohin?«

Brant Secunda:
»In den Kreislauf des Lebens. Schau, das **Licht im Herzen** ist das gleiche Licht wie das von Großvater Feuer. Wir verbinden uns mit ihm. Das ist das erste Ziel. Das zweite ist, das Licht über die ganze Welt zu schicken, zu allen Menschen.«

Ich brauche noch mehr Informationen zu den schamanischen Traditionen:
»Brant, ich schreibe ein Buch über die Bedeutung des Herzens. Jetzt komme ich hierher und erfahre, dass dieser Bereich auch in eurer Tradition eine besondere Rolle spielt. Was hat es mit der Brustmitte in euren schamanischen Ritualen auf sich?«

Brant Secunda:
»Wir nennen diesen Teil auf der Mitte der Brust, den ihr auch das Herz-Chakra nennt, **Nierica.** Mein Großvater und Lehrmeister, Don José Matsuwa, sagte immer: It's a street to the gods. Es ist der Durchgang zum Ich, zum Kosmos und zu den Göttern. Die Huichols sagen: Finde die Stille, und höre auf dein Herz. Unser Herz ist für uns sogar das fünfte Element. Hier trifft sich alles wie in der Mitte eines Kreuzes. Das Herz aber ist der **Diamant.** Deshalb: Setzt euer Herz frei!« Mehr noch: »Here is...«, sagt der Heiler Brant Secunda lächelnd und klopft sich dabei dreimal mit der Faust auf seine eigene Brust ... **»Here is... the power of your soul!«** Hier brennt die Kraft, die Energie deiner Seele.

Wenn du liebst, dringst du ans Licht wie
der Same, der in der Erde verborgen war.

Bettina von Arnim (1785-1859)
Schriftstellerin

Wenn du dich auf dein Herz konzentrierst, ihm mit Aufmerksamkeit und Hingabe begegnest, hast du bereits eine wichtige **Entscheidung** auf deinem Lebensweg getroffen. Du hast aus der Vielzahl deiner Möglichkeiten diejenige ausgewählt, die dich auf sicherste Weise zu dir selbst führt. Um dich selbst zu finden, kannst du nicht auf allen Hochzeiten tanzen. Du musst durch die Grundentscheidung, durch diese Enge hindurch, um ganz du selbst zu sein. Dein Lohn ist aber: Im Raum deines Herzens ist Weite und Licht, ist Hingabe und Wertschätzung, ist Trost und Auferstehung.

Begrenzt ist das Leben,
doch unerschöpflich die Liebe.

Ibara Saikaku
Japanischer Schriftsteller

3.3 Meditation: Wie kann Liebe im Alltag gelingen?

Frage: Wie kann Liebe im Alltag gelingen?

Antwort: Indem du einfach **aus der Mitte** lebst.

Indem du dich erst um Herz und Seele kümmerst.

Indem du erst **hcimkehrst zu dir**, bevor du dich dem Außen zuwendest.

Gehe jeden Morgen, bevor du den Tag begrüßt, in deine Mitte.

Kreuze deine Hände auf der Mitte deiner Brust.

So zeigst du dir vor jedem äußeren Ereignis, dass du bereit und willens bist, den Tag aus deiner Mitte zu beginnen und zu leben.

Konzentriere dich auch zwischendurch im Alltag immer wieder auf diese Stelle, den Berührungspunkt deiner Seele, das Herz-Chakra, den **Transformationspunkt deines Lebens.**

Stelle dir einen Trichter im Sternum vor, in den du deine Rosenblätter legst.

Stelle dir das Herz Jesu vor, das seine Liebe ohne Unterlass in dein Herz fließen lässt – bis dein Herz, deine Seele überquellen mit einer nie versiegenden Kraft der göttlichen Liebe.

Wenn du in deiner **Mitte** bist – was könnte dich ins Wanken bringen?

Wenn du in deiner **Tiefe** bist – was könnte dich niederwerfen?

Wenn du in deiner **Liebe** lebst – was könnte dir widerfahren?

Nichts im Außen ist dann so stark, dass es dich bezwingen könnte.

Wenn du eine Situation als kritisch betrachtest, lege eine oder beide Hände auf dein Sternum, auf die Mitte deiner Brust. Schalte für einen Moment alle deine Gedanken aus – und spüre in dich hinein.

Eine kurze Zeit reicht, um dich wieder mit deiner inneren Kraftquelle zu verbinden.
Um sie wieder gewahr werden zu lassen.

Die Verbindung ist ja nie unterbrochen.
Aber manchmal, im Getriebensein des Tages, haben wir sie aus den Augen verloren.

Dann **gehe in dein Herz** – und du wirst spüren:

Wie könnte ich etwas verlieren, was in Fülle in mir vorhanden ist?

Dann betrachte die äußeren Dinge ein zweites Mal.

Sehen Sie jetzt anders für dich aus?
Kannst du sie jetzt anders betrachten?

Bei all eurem Tun lasst euch
von der Liebe leiten.

1. Korinther, Kapitel 16, Vers 14

Nur wer sich ändert, bleibt sich treu.

Wolf Biermann
Liedermacher und Lyriker

II. Wenn du dich entschieden hast – dreh dich nicht mehr um!

1. Lebe deine Sehnsucht – und geh den Weg deiner Bestimmung

Du kennst das zur Genüge: Dieses ewige Hin- und Hergerissensein zwischen zwei oder mehreren Möglichkeiten. Dieses innere Gezerre zwischen dem Wunsch nach Sicherheit und dem Streben nach Freiheit und Wachstum. Dieses Gefühl, beides gleichzeitig haben zu wollen: Das, was man nicht aufgeben will – und das, was man erreichen möchte. Das Alte gibt Sicherheit, das Neue ist zunächst nur ein Versprechen der Zukunft. Das Neue macht Angst. Wie also soll ich mich

entscheiden können? Vor allem, wer oder was soll entscheiden: mein Verstand, meine Intuition, meine Vernunft oder mein Herz?

Der Tag, an dem du einen Entschluss fasst,
ist ein Glückstag.

Aus Japan

Antoine de Saint-Exupéry, der Schöpfer des »Kleinen Prinzen«[24], fand die Lösung: »Wenn du ein Schiff bauen willst, so trommle nicht Männer zusammen, um Holz zu beschaffen, Werkzeuge vorzubereiten, Aufgaben zu vergeben und die Arbeit einzuteilen, sondern lehre die Männer die Sehnsucht nach dem weiten, endlosen Meer.«
Sehnsucht ist Beginn und Aufbruch, vielleicht sogar die treibende Kraft, um uns zu entscheiden.

Um das Land der Sehnsucht zu erreichen,
müssen wir uns auf den Pfad
der Sehnsucht begeben.

John Eldredge
Schriftsteller

Wie oft aber höre ich: »Ich spüre überhaupt keine Sehnsucht, keine Leidenschaft. Ich weiß gar nicht, wo es für mich langgeht.

Wenn ich etwas hätte, was mich begeistern könnte, dann wüsste ich mich auch zu entscheiden. Aber mich begeistert nichts. Das ist das Problem. So verharre ich im Alltag, und es geht in keine Richtung.«

Man kommt nicht an sein Ziel,
weil man davon träumt
oder darüber nachdenkt.
Man erreicht es, wenn man
seinen Weg geht.

Aus der Meditation

In der Tat: Manchmal sind die Möglichkeiten, die Alternativen gleichwertig. Dann geht es darum, irgendeine Entscheidung zu fällen. Denn auch die **Nichtentscheidung** ist eine Entscheidung. Sie wiegt aber schwerer als eine Fehlentscheidung. Denn vieles lässt sich rückgängig machen. Während du also eine falsche Entscheidung im Nachhinein oftmals noch korrigieren kannst, ist die dauerhafte Nichtentscheidung nicht korrigierbar. Außerdem sind persönliche Fehlentscheidungen in aller Regel keine Katastrophe. Ganz im Gegenteil: Der Mensch lernt mehr aus seinen Fehlern als aus seinen Erfolgen. Irrtümer machen uns stark. Sie lassen uns nach dem Scheitern immer wieder aufstehen.

Wenn dein Verstand keiner Richtung den Vorzug geben kann, entscheide spätestens nach einer Zeit der Stagnation aus einem inneren Impuls heraus.

Dabei kannst du zwischen mehreren Möglichkeiten wählen: Du kannst Blütenblätter zupfen, eine Münze werfen oder lernen, auf dein Herz zu hören.

Eines zeigen aber die Mythen und Weisheitslehren:
Wenn du dich entschieden hast, dreh dich nicht mehr um! Auch in der psychotherapeutischen Arbeit gilt: Wer eine Lösung hat, darf nicht mehr zum Problem zurückkehren.

Und wenn die Zeit gekommen ist,
etwas aufzugeben, gib es auf.

Mary Oliver
Dichterin

1.1 Was wir von den Klassikern lernen können

In der biblischen Erzählung von **Sodom und Gomorrha**[25] suchten zwei Engel in der sündigen Stadt Sodom nach Gerechten, die vor der drohenden Zerstörung Sodoms durch Gott gerettet werden sollten. Vor der Vernichtung der beiden Städte führten sie Lot und seine Familie aus der Stadt heraus. Es war ihnen aber verboten, sich umzudrehen und zurückzublicken. Nicht alle folgten der göttlichen Anweisung, darunter auch Lots Frau. Als sie hinter sich sah, erstarrte sie zur Salzsäule.

In dieser biblischen Geschichte geht es – psychologisch betrachtet – um die Themen »Loslassen oder Festhalten«. Lot und seine Familie sollten nichts mehr festhalten. Die Salzsäule ist für mich eine Metapher:
Umdrehen heißt festhalten.

Sich auf die Vergangenheit zu fixieren, bedeutet, sich nicht verabschieden zu können. Wer festhält, der bleibt für immer erstarrt. Denn seine Energie wird rückwärts gelenkt und ist für das Jetzt verloren.

Die unterschiedlichen Aspekte des Zurückschauens kommen in einem weiteren Bild zum Vorschein: In der griechischen Mythologie ist eine der bekanntesten Überlieferungen die Sage von **Orpheus** und seiner Ehefrau, der Nymphe **Eurydike**. Als sie starb, stieg Orpheus in die Unterwelt hinab, um mit seinem Gesang den Gott Hades zu bewegen, ihm seine Geliebte zurückzugeben. Sein Gesang war so schön und der Wunsch in seinem Herzen so groß, dass ihm seine Bitte tatsächlich gewährt wurde. Hades und Persephone stellten aber eine Bedingung: Orpheus muss beim Aufstieg in die Oberwelt vorangehen und darf sich nicht nach Eurydike umdrehen. Als er ihre Schritte nicht hörte, schaute er sich um – und Eurydike verschwand wieder in der Unterwelt.

Hier steht – psychologisch gesehen – der Verlust einer Bindung im Mittelpunkt. Es geht einerseits um das Vertrauen in die Liebe, andererseits aber um die Angst und Unsicherheit, die man auflösen möchte durch Vergewisserung und Kontrolle.

Kontrolle hält wieder fest, verschließt, verkrampft, macht eng und misstrauisch. Geht auf Nummer sicher.[26] Zerstört letzten Endes, was ich retten will. Sicherheit und Vergewisserung öffnen sich nicht dem Neuen, führen nicht zur heiteren Gelassenheit.

Sicherheit ist der Gegenpol zur Lebendigkeit.
Ein Übermaß an Sicherheit verhindert gutes Leben.

Wolf Büntig[27]
Arzt und Psychotherapeut

1.2 Meditation: Jeder hat die Wahl

Jeder hat die Wahl, sich zu öffnen oder sich zu verschließen.
Das ist dann so, wie es ist.

Betrachte das Leben mit Gelassenheit und inniger Freude.
Sei bereit, dich zu entwickeln – und nimm die Dinge des Lebens nicht so schwer.

Mit einer Leichtigkeit im Herzen gibst du dir die Chance, immer wieder etwas Neues zu erfahren.
Tag für Tag.

Wenn du dich also einmal entschieden hast, geh diesen Weg mit deinem ganzen Herzen und deiner ganzen Kraft. Die Schamanen indianischen Ursprungs sagen: Den **Weg deiner Bestimmung** spürst du in deinem Herzen, nirgendwo sonst. Wenn du auf dein Herz hörst, gehst du den Weg deiner Bestimmung, auch wenn dein Verstand nicht weiß, wohin er dich führt.

Und wenn du den Ruf deines Herzens nicht hörst? Dann bitte dein Herz, dich einzuladen zur wirklichen Tiefe deines Seins. Wenn du dich öffnest, kommt die Antwort zu dir. Das kann dauern. Der Weg des Herzens erfordert **Geduld und Dankbarkeit**. Auch **Hingabe und Besinnung**. Aber du hast ja ein ganzes Leben als Geschenk bekommen, um zu lernen und zu reifen.

»Lohnt sich das?«, fragt der Kopf.
»Nein«, sagt das Herz, »aber es tut gut.«

Jochen Mariss
Schriftsteller

Ich wünsche dir vorab einen guten und erfüllten Weg. Gib deinem Herzen die Chance, dich durch dein Leben führen zu dürfen. Wie du es dabei unterstützen kannst, erfährst du in den nächsten Kapiteln dieses Buches.

2. Wegweiser zum wissenden Herzen

Vertrauen ist eine Oase des Herzens,
die von der Karawane des Denkens nie erreicht wird.

Khalil Gibran (1883-1931)
Maler, Philosoph und Dichter

2.1 Schritte zur Herzentscheidung

Es hat sich bewährt, den Weg zur Herzentscheidung in sechs Schritte zu unterteilen. Auch hier gilt wieder: Reduziere deine Möglichkeiten, um die Überforderung zu verkleinern und deine Freiheit zu vergrößern.

Reduziere also im Folgenden auch deine Fragen.
Höre in dich hinein, welche Fragen dir wirklich wichtig sind, ja, dir im wahrsten Sinne des Wortes am Herzen liegen. Dein Herz ist ein guter Wegweiser zur Formulierung deiner Fragen.

Es macht wenig Sinn, diese Methode auf banale Fragen anzuwenden, weil du dann nur an deiner Oberfläche bleibst. Die Tiefe deiner Frage ist wesentlich für die Tiefe der Antwort, die du erhalten wirst. Entscheide dich also zunächst für eine Frage, die dich wirklich betrifft, denn dann bekommt der Prozess eine wesentlich größere Energie.

Es macht ebenso wenig Sinn, eine Antwort erzwingen zu wollen. Jede Antwort, die in dein Herz eingepflanzt wird, ist ein Geschenk. Wenn du voller innerer Unruhe und Ungeduld bist, dann frage dich, ob hier und jetzt für dich der richtige Zeitpunkt ist, diesen Weg der Entscheidung zu betreten.

Aus der Praxis:
Ein junger Mann, der erst Metzger gelernt hatte und dann im zweiten Beruf als Logopäde nicht sehr glücklich wurde, erhielt zunächst keine Antwort auf die Frage nach dem weiteren beruflichen Werdegang. Ihm lag die Angst vor einer falschen Entscheidung schwer auf der Brust. Erst als er sich selbst und sein Hin-und-her-Schwanken akzeptierte, fand er mehr Vertrauen ins Leben und somit in den Prozess der Entscheidung.
Heute ist er Marktbeschicker auf den Wochenmärkten der Region, sein eigener Chef und mit dem Kontakt zu seinen Kunden sehr zufrieden. Die Antwort dazu erhielt er auf dem Fußboden. Dazu später mehr.

Wer ungeübt ist im Prozess der Herzentscheidung, sollte einige wichtige **Vorbereitungen** für einen inneren Dialog treffen.

Es ist zunächst ausgesprochen sinnvoll, sich bei seinem Verstand zu bedanken. Unser Großhirn ist zweifelsohne eine faszinierende Errungenschaft der Evolution. Sie hat unser

Überleben gesichert. Wir sind die einzige Spezies, die sich mithilfe der Frontallappen im Großhirn von außen selbst betrachten kann. So können wir genüsslich darüber reflektieren, wie wir uns entwickelt und wo wir unser Ziel erreicht haben, aber auch, wo wir gescheitert sind. Wir haben also allen Grund, dankbar zu sein für die Gabe des Verstandes und der Vernunft. Und das sollten wir in einem inneren Dialog auch zum Ausdruck bringen.

Vielleicht gelingt es dir ja, deinen Verstand aus Dankbarkeit in die Weite deines Herzens einzuladen, damit er sich dort einmal nach Strich und Faden verwöhnen lassen kann.

Die Autoren Otto Josef und Graciella Steib[28] empfehlen zu Beginn der Herzentscheidung die Formulierung:

»Setze deinen Verstand in die Hollywoodschaukel in deinem Herzen.«

Um die richtige Wahl zu treffen, spüre in dich hinein, ob die »Hollywoodschaukel« für deinen Verstand der wirklich beste Aufenthaltsort in deinem Herzen ist. Du kannst ihm auch ganz andere Entspannungsplätze anbieten: einen Diwan, ein Kissenlager, ein Himmelbett, einen fliegenden Teppich, eine Hängematte, eine Entspannungsliege, die Wolke sieben. Deiner Fantasie sind keine Grenzen gesetzt.

Diese Vorstellung führt dazu, dass du für die Zeitdauer deiner Entscheidungsfindung das Geschnatter aus deinem Kopf und die »Brüllaffen« von deinen Ohren vertreibst. Einfach ist das nicht, aber lohnenswert. Dein Verstand wird dir danken, dass du ihn würdigst – und er wird deinem Herzen den Vortritt lassen.

Blicke in dich. In deinem Inneren ist eine Quelle, die nie versiegt, wenn du zu graben verstehst.

Marc Aurel (121-180)
Römischer Kaiser und Philosoph

Hier und jetzt findest du eine Fantasiereise zur Freiheit deines Herzens. Wenn die »Brüllaffen« des Lärms und der Hektik weiter um deinen Kopf herumtanzen, kann dir diese innere Reise helfen.

2.2 Übung: Abschied vom »Brüllaffen«-Dschungel – eine Fantasiereise zu meinem Ort der Freiheit

Wenn du magst, stell dir jetzt vor, wie du deinen Verstand einlädst, eine Auszeit zu nehmen. In all den Jahren hat dein Verstand sehr viel für dich getan. Er hat es wirklich verdient, sich einmal verwöhnen zu lassen ...

So kannst du ihn einladen, Platz zu nehmen in einer **Hollywoodschaukel** in deinem Herzen. Stell dir vor, wie der Verstand entlastet wird – und gib ihm auch die Erlaubnis dazu. Wenn du ganz nach innen hörst, kannst du vielleicht feststellen, dass dein Verstand sich sogar darauf freut, eine Pause machen zu dürfen.

Ein Empfangskomitee wartet im Herzen auf deinen Verstand. Die Hollywoodschaukel ist hergerichtet. Hier darf er sich nun wirklich einmal verwöhnen lassen. Du kannst ihm versichern, dass während seiner Abwesenheit die inneren unbewussten Kräfte alle lebenswichtigen Funktionen übernehmen, so dass keine Gefahren drohen.

Deinem Verstand ist es erlaubt zu spüren, wie liebevoll mit ihm umgegangen wird, wie schön es ist, ganz bei sich selbst angekommen zu sein. Lass deinen Verstand dort ganz in Ruhe verweilen. Er kann nach Belieben schaukeln und es sich gut gehen lassen...

Spüre nun einmal nach, wie deine letzten Tage gewesen sind. Gestern ... heute Nacht ... und heute Morgen ...

Erst, wenn wir uns von den Stimmen
in uns und um uns herum
nicht mehr vorschreiben lassen,
wer wir sein sollen, werden wir wissen,
wer wir sind, und können gehen,
wohin wir wollen.

Jochen Mariss

Jeder Mensch wird zu irgendeinem Zeitpunkt seines Lebens Stunden und Tage in völliger Hektik verbracht haben. Vielleicht lässt sich das am besten vergleichen mit einem **Dschungel**, der unüberschaubar und unkontrollierbar ist. In diesem Dschungel fühlst du dich ausgeliefert, hast kaum Möglichkeiten, angemessen zu reagieren.

Und dann hängen dir diese **Brüllaffen** an den Ohren, die alles das hineintuten, was du nicht hören willst, was du aus deinem Leben verbannen möchtest, was nicht Sinn deines Lebens ist.

Diese Brüllaffen lärmen ohne Ende, und so dröhnen sie dich zu mit dem, was du nicht tun darfst, was du tun sollst, ja, was jetzt zu tun ist - auch wenn du dich noch so sehr bemühst, dieser Beeinflussung zu entgehen.

Und du spürst jetzt den Möglichkeiten nach, wie du die Brüllaffen, die dich in deinem Leben so oft einengen, auf Distanz halten kannst.

Brüllaffen existieren durch besondere Umstände, bestimmte Menschen, durch den Beruf, vielleicht auch durch die Familie, durch Anforderungen der Gesellschaft, durch Wertesysteme, die nicht deine eigenen sind, durch Hoffnungen, die zerstört wurden, durch Orientierungslosigkeit, Überforderung, Verzettelung ...
All das sind die **Brüllaffen deines Lebens.**

Und du stehst nun in diesem Dschungel und spürst die Nähe dieser Energieräuber.

Doch jetzt, in diesem Moment, kannst du dich **entscheiden**, die Brüllaffen hinter dir zu lassen, nicht mehr auf all die Störfelder zu achten, die Teile deines Lebens bestimmen und dich unflexibel und müde machen. Jetzt hast du es in deiner Hand, dich nicht mehr abbringen zu lassen von deinem Weg, indem du jetzt auf deine eigene **Intuition**, auf dein eigenes **Herz** zu hören beginnst.

In der Hollywoodschaukel in deinem Herzen bekommt dein **Verstand** in aller Gelassenheit mit, was du in diesem Augenblick aus deinem Herzen heraus entscheidest.

Du schaust dich jetzt um in diesem Dschungel der Brüllaffen. Möglicherweise kannst du jetzt, in diesem Moment, spüren, wie eine innere Kraft dich von diesen Brüllaffen wegzieht. Einfach nach vorne wegzieht. Und du bemerkst jetzt, dass die Brüllaffen leiser werden, nicht mehr an den Ohren sitzen.

In unserem Inneren ist eine Stimme,
die uns sagt, was gut für uns ist.
Wir können sie nicht mit den Ohren hören,
wohl aber mit dem Herzen.

Jochen Mariss

Und da ist diese **innere Führung**, die dir immer mehr die Möglichkeit gibt, dich sanft auf deinen eigenen Weg zu begeben. Auf eine Weise, die dich ahnen lässt, dass der Dschungel schon bald durchschritten sein wird.

Spürst du in dir diese innere Kraft, die dir hilft, alles Belastende hinter dir zu lassen?
Alle einengenden Anforderungen und Ansprüche deiner Umwelt?
Alle Einengungen, die du dir selbst auferlegt hast?

Spürst du, dass diese innere Kraft dich auf den Weg bringt zu deinem eigenen Land, zu der **Vision deines Lebens?**

Möglicherweise hörst du jetzt in deinem Inneren einen wunderschönen Klang der Stille, eine eigene Melodie.
Oder einen Ton, der ganz faszinierend von vorne auf dein Leben trifft – und dem du folgst.
Du folgst voller **Vertrauen** dem inneren Ton, dem inneren Lied, der individuellen Farbe deines Lebens ...

Du drehst dich nicht mehr um.

Voller Vertrauen und mit der ganzen Kraft deines Herzens gehst du jetzt deinen Weg.
Die Entscheidung deines Herzens trägt dich hin zu deiner eigenen Lebensmelodie. Zum eigenen Klang, zum eigenen Ton.

Wenn es dein Herz zulässt, **überschreitest** du jetzt eine Grenze.
Und hinter der Grenze kannst du eine Landschaft, einen Ort erkennen, der dir sehr vertraut ist. Anheimelnd, sicher, geborgen.
Vielleicht eine Weite, die Freiheit gibt.

Vielleicht wirst du geführt in eine Auenlandschaft mit sanften Hügeln ...
oder in einen Park mit Weiher und einem kleinen Wäldchen ...
im Halbschatten oder in der Sonne ...
Es kann ein Strand sein ...
eine Gegend, in der du dich wohlfühlst.

Und du spürst, dass es hier genau die Wärme gibt, die du magst. Genau das Licht, das dir guttut. Es klingt und es duftet so, dass es dein Herz erfüllt. Du hörst vertraute und liebenswerte Klänge.
An diesem Ort fühlst du dich sicher, wohl und ganz geborgen.

Wenn du magst, kannst du noch tiefer in diese Landschaft hineingehen. Suche dir den Ort, den Platz aus, an dem du ganz in Frieden mit dir selbst bist. Hier, an dieser Stelle und zu dieser Zeit, bist du ganz im Reinen mit dir. **Völlig offen und eins mit der Weisheit deines Herzens** und eins mit dem Frieden und Reichtum deiner Seele.

Hier gibt es den Raum, den du brauchst, um so zu sein, wie du bist. Ganz wahrhaftig und authentisch.

Eins mit all deinen Stärken und deinen Schwächen. Mit allem, was du an dir magst – und auch mit dem, was du nicht an dir magst.

Einfach sein. Ganz im Einklang mit dir selbst und deinem Leben.

An diesem Platz kannst du nun dieses Gefühl, ganz eins zu sein, wieder in dein Herz legen.

Nun weißt du, was du genau brauchst, um dich so gut zu fühlen, um im inneren Gleichklang zu sein. Und du würdest dich immer wieder so entscheiden.

In dieser Empfindung der inneren Stille und **im Frieden mit deiner Seele** spürst du möglicherweise auch den Einklang mit dem göttlichen Urgrund. Mit einer Energie des Lebens, die dir hilft und dich trägt – und dich über dein Herz immer wieder in dieses Gefühl des Einsseins führt.

Sollte aber noch etwas Unversöhntes in dir sein, lass es jetzt los und sende es zurück in den Dschungel.

Und dann richte aus der Ruhe deines Seelenortes einen **Blick in dein Herz:**

Wie geht es dort dem Verstand in der Hollywoodschaukel?
Fühlt er sich wohl?
Freut er sich über die Ruhepause, die ihm vergönnt ist?
Kann er akzeptieren, einfach vom Herzen getragen zu werden, ohne immer das letzte Wort haben zu müssen?

Kannst du am Ende dieser Reise nicht wirklich dankbar dafür sein, dass du in dir so viele Kraftquellen, so viele Schätze hast, um den Weg deines Herzens vertrauensvoll gehen zu können?

Dankbar – und mit Zuversicht im Herzen – kommst du ganz allmählich in das Hier und Jetzt zurück.

Als Gott uns ein Herz gab,
war das eine Einladung:
Komm und verwirkliche,
was ich in dich hineingelegt habe.

John Eldredge

Sein Herz entscheiden zu lassen, setzt Vertrauen und Hingabe voraus.
Was aber bedeutet **Hingabe** im alltäglichen Handeln?

2.3 Meditation: Sich hingeben – was bedeutet das?

Frage: Sich hingeben – was bedeutet das?

Antwort: **Hingabe** bedeutet:

Sich selbst – wie alle anderen – in Liebe annehmen.
Handeln im Sinne der göttlichen Kraft.

Hingabe heißt nicht: verzichten.
Erst recht nicht: sich selbst aufgeben.

Sich hingeben heißt:
Aus der Fülle der inneren bedingungslosen Liebe zu schöpfen – für andere, um sie daran teilhaben zu lassen, aber auch für sich selbst, um selbst daran zu wachsen und zu reifen.

Hingabe bedeutet auch, im Einklang zu leben mit der göttlichen Weisheit.

Wer mit **Hingabe** lebt, öffnet sich der verbindenden Kraft allen Seins.

Wer die **Hingabe** zu seinem Lebensinhalt, zum Leitmotiv seines Lebens macht, lebt mitten im Atem Gottes.

Hingabe ist die höchste Form der Liebe.

Hingabe ist die demutsvolle Einordnung in den Willen und Plan der göttlichen Vorsehung.

Wer mit **Hingabe** lebt, wer sich und seine Liebe mit Hingabe verschenkt, der ist umhüllt und durchdrungen vom Licht und von der Liebe Gottes.

Der ist wahrhaft geschützt und geborgen.

III. Die Befreiung: Ab jetzt entscheidet nur mein Herz

Von der Frage zur Entscheidung in 6 Schritten

Nun geht es darum, den Weg zur Herzentscheidung in der Praxis kennenzulernen. Stelle dir dazu – als ersten Schritt – eine einfache Frage.

1. Schritt: Die einfache Frage

Unter einfachen Fragen verstehe ich zweierlei.
Erstens: Mach dir dein Leben nicht komplizierter, als es ist. Komplizierte Fragen verwirren mehr, als sie dir helfen können. Im Gegenteil: Sie vergrößern nur dein Lebensknäuel.
Stelle die Fragen einfach, denn mit einfachen Fragen machst du dir auch dein Leben einfacher.
In aller Regel bringt uns ein kategorisierendes Schwarz-Weiß-Denken im Alltag nicht weiter, aber lass hier aus Übungsgründen die Grauzone weg, in der du dich ständig hin- und herbewegen, also »un-entschieden« bleiben kannst.
Formuliere deine Frage so, dass sie mit **Ja** oder **Nein** beantwortet werden kann.

Beispiele zur Anregung:

- Gehe ich zurzeit wirklich den Weg, der für mich vorgesehen ist?
- Fördere ich mit dem, was ich tagtäglich tue, in ausreichendem Maße meine Gesundheit?
- Ist es gut für meine Entwicklung, mich jetzt mit meinen Eltern zu versöhnen?

- Muss ich meine Ernährung umstellen, um mich besser zu fühlen?
- Soll ich in zwei Jahren aus meinem Beruf aussteigen?
- Ist es sinnvoll, wenn ich abschalte und mich für ein paar Tage in die Stille zurückziehe?
- Kann ich hier und jetzt mehr Vertrauen in die göttliche Führung entwickeln?
- Soll ich meine alten Wunden ruhen lassen?
- Ist es besser, in meiner Lebensplanung in diesem Jahr auf Sicherheit zu setzen?
- Soll ich mir ab sofort mehr Zeit für meine Hobbys gönnen?
- Ist hier und jetzt der richtige Zeitpunkt, einen neuen Lebensabschnitt zu beginnen?
- Muss ich erst noch etwas erledigen, bevor sich die Blockade löst und es für mich weitergeht?
- Soll ich im nächsten Jahr mit meinem Unternehmen expandieren?
- Liegt in meinem Hin und Her eine Botschaft?
- Ist eine Kündigung für mich der richtige Weg, um aus der Mobbing-Falle herauszukommen?
- Soll ich mich selbstständig machen?
- Ist es besser für mich, meine Beziehung zu beenden?
- Treffe ich zurzeit die richtigen Maßnahmen für mein persönliches Wachstum?

- Ist es für meinen Wunsch nach Beachtung gut, auf dem nächsten Kongress einen Vortrag zu halten?
- Soll ich noch ein Studium beginnen?
- Kann sich mein Herz jetzt wieder einer neuen Liebe öffnen?
- Soll ich umziehen, mir eine neue Wohnung suchen?
- Ist jetzt der richtige Zeitpunkt, an meinen Schattenseiten zu arbeiten?
- Bin ich innerlich schon bereit, meinem Partner von ganzem Herzen zu vergeben?
- Finde ich meinen persönlichen spirituellen Weg auf einer Pilgerschaft?
- Ist meine Seele bereit für ein Kind?
- Soll ich eine Elternzeit nehmen?
- Ist meine Lebensaufgabe wirklich der Dienst am anderen?
- Soll ich den ersten Schritt zur Versöhnung tun?
- Ist Hingabe mein Lebensthema?
- Bin ich wirklich bereit, in nächster Zeit mehr Fröhlichkeit in mein Leben zu lassen?
- Werde ich in diesem Jahr wieder mehr zur Ruhe kommen?
- Liegt meine Zukunft im Ausland?

Es ist sinnvoll, ganz einfache Ja- oder Nein-Fragen zu stellen.

Das bringt uns zur zweiten **Qualität:**
Stelle nur Fragen, die dich wirklich betreffen.
Die dich wirklich treffen.
Die dein Innerstes berühren.

Wenn du eine Frage stellst, die nicht unmittelbar mit dir zu tun hat, bekommt der Prozess keine Energie. Um die Frage »Wird Deutschland Fußball-Weltmeister?« kümmert sich der Kosmos nicht.[29]

Stelle die Frage auch nicht für andere!
Frage beispielsweise nicht: Wird mein Partner immer bei mir bleiben?
Oder: Ist mein Partner mir auch treu?
Denn dann lädst du eine fremde, eine dritte Energie in den Prozess der Antwort ein. Dann ist dein Herz befangen und wird dir wahrscheinlich nicht den Gefallen tun, für dich zu entscheiden.

Frage in diesem Fall besser: Geben mein Herz und meine Seele dieser Partnerschaft noch eine Chance?
Hier ist das Ich gefragt und nicht das Du.
Also: **Bleibe auch in den Fragen immer bei dir.**

Die Tiefe, mit der dich die Frage betrifft, ist wesentlich für die Tiefe der Antwort. Deshalb stelle nur Fragen, die dir wirklich wichtig sind, die dir – im wahrsten Sinne des Wortes – am Herzen liegen.

Dann schreibe dir die Frage auf. Schreibe sie ganz bewusst und nicht beiläufig auf ein Stück Papier oder in ein Heft. Ich halte es für energetisch besser, wenn du sie wirklich aufschreibst und nicht in den PC tippst. Beim Schreiben entwickelst du ein haptisches Gefühl und erhältst eine stärkere Verbindung der Frage mit der Schwingung des Schreibens. Mediziner und Psychologen sprechen auch von »somatischen Markern«.

Halte die Frage immer griffbereit. Jetzt kannst du zum **zweiten Schritt** übergehen.

Öffne die Tür deines Herzens,
und du wirst Gottes Nähe spüren.

Aus der Meditation

2. Schritt: Der Leitgedanke zur inneren Führung

In meinen Seminaren[30] reiche ich an dieser Stelle einen Korb mit 77 Leitgedanken herum. Diese 77 Worte, Impulse, Sätze stehen auf kleinen Papierrollen. Seit Jahren befinden sich immer dieselben Leitgedanken im Korb. Ich habe sie nie ausgewechselt, denn sie alle sind in irgendeiner Weise durch mein Herz geflossen.[31] Du findest sie zur eigenen Verwendung im Anhang dieses Buches aufgeführt.

Die Idee von **Leitgedanken im Entscheidungsprozess** ist nicht neu. Ich habe sie kennengelernt bei Thomas Young, einem deutsch-hawaiianischen Weisheitslehrer.[32] Im Seminar »Young at Heart« reichte er einen abgedeckten Korb in die Runde, in dem sich mittelgroße Handschmeichlersteine befanden. Jeder Stein war mit einem handgeschriebenen Wort, einer Botschaft, versehen.

Wir sollten nun der Reihe nach mit geschlossenen Augen in diesen Korb greifen und einen Stein herausnehmen. Dazu sagte Thomas sinngemäß: Glaubt nicht, dass ihr die Freiheit habt, selbst wählen zu können. Der Stein, der für euch bestimmt ist, hat euch schon erwählt. Ihr habt keine Chance.

Der Stein mit dem Wort, das zu euch kommen soll, wird zu euch kommen. Egal, was ihr euch ausdenkt oder versucht.

Mein Stein trug die Aufschrift: **Hingabe**.

Darauf Thomas Young: »Die Botschaft für dich ist: Tue alles, was du jetzt und in Zukunft tust, mit Hingabe. Gib dich mit ganzem Herzen hin.«

Stell dir nun vor, der **Korb mit diesen Leitgedanken** steht vor dir. Was geschieht? Du kannst hineinschauen und irgendeine dieser kleinen Rollen herausfischen. Das macht aber wenig Sinn, weil du dann nicht gefühlsmäßig einbezogen bist.

Also: Schließe die Augen, und lass deine Hand in den Korb sinken. Ich persönlich bevorzuge die linke Hand, weil sie sich auf der Herzseite befindet. Bevor du ziehst, gehe nochmals in die innere Stille und stelle dir leise erneut deine Frage. Lass die Hand im Korb ein wenig kreisen, und spüre achtsam nach, was geschieht:

- Hast du das Gefühl, immer wieder zu einer bestimmten Rolle zurückzukehren?
- Bleibt eine sogar leicht an der Innenseite deiner Hand kleben?
- Bleibt dein Zeige- oder kleiner Finger in der Öffnung einer Rolle hängen?
- Kannst du erahnen, erspüren, ertasten, dass sich anscheinend eine bestimmte Rolle auf dich fixiert hat?

Gib alles frei, und sei ohne Wollen ... Irgendwann wirst du spüren, dass es die eine Rolle ist. Dass es keine andere sein kann. Dass diese Rolle für dich bestimmt ist.
Wenn es dauert, bis du dieses Gefühl entwickelst, gib dir Zeit. Wenn du bereit bist, es geschehen zu lassen, wird es geschehen.

Dann nimm den Leitgedanken, der für dich bestimmt ist, heraus, und lege ihn ungeöffnet zur Frage. Jetzt folgt der **dritte Schritt.**

3. Schritt: Die Geh-Meditation

3.1 Was passiert da eigentlich?

Wie lassen sich die Erfahrungen auf einer Geh-Meditation für westlich denkende Menschen erklären?

Ich glaube, dass wir unsere Wahrnehmung verändern, weil wir die materielle Welt unseres Alltags vorüber**gehend** mit anderen Augen betrachten. In einer vertieften – möglicherweise können wir sagen: in einer spirituellen – Achtsamkeit sind wir in der Lage, Informationen über konkrete Anliegen auf diesem Wege zu erhalten. Die Hinweise zeigen sich häufig in Form von Spuren, Farben, Lauten und Symbolen. Oder in aufsteigenden inneren Bildern, in verschlüsselten Botschaften.

Sicherlich geht es auch um eine Form der **selektiven Wahrnehmung**[33], der wachen, gerichteten Aufmerksamkeit. Das heißt: Wenn etwas mein Herz berührt, wird es leichter sein, das Berührende auch in der Außenwelt wiederzufinden. Die Umgebung wird zum Spiegel meiner inneren Wahrnehmung.

Im Grunde ist aber auch das nicht wirklich wichtig:
Du kannst dich auch jederzeit entscheiden, keine Erklärung zu benötigen.

Das Wichtigste im Leben finden wir nicht durch
intensive Suche, sondern so, wie man etwa
eine Muschel am Strand findet.
Im Grunde findet es uns.

Jochen Mariss

3.2 Schreiten ohne Absicht und Ziel

Stecke deine Spruchrolle in die Hosen- oder Jackentasche, lass dein Handy zu Hause und beginne zu **schreiten ohne Absicht und Ziel**.
Du kannst dir einen Zeitrahmen vorgeben – oder auch nicht.

Gehe in einer inneren Haltung, die frei von Sorgen und Ängsten ist.
Verlangsame. Entschleunige.

Lass dir vom ruhigen Gehen Frieden und Wohlgefühl schenken.
Bleibe in der Präsenz und Achtsamkeit des Augenblicks.
Sei offen für das, was dir als Spiegel vorgehalten wird, was deine Aufmerksamkeit findet und dir eine Antwort auf deine Frage sein kann.

Je öfter du gehst, desto mehr wird dein Gehen zur **Meditation**.
Danke deinen Füßen für den Weg, den sie dich gehen lassen.
Schenke der Erde deine Liebe und Freude.
Strahle das Glück des Sehens aus deinen Augen in die Welt.
Nimm wahr.
Jetzt.

Sei ohne Denken, ohne Bewertung.
Sei ganz da, in jedem Schritt.
Schreite ohne Ziel und ohne den Wunsch, etwas über dich zu erfahren.

Friedliche und entspannte Schritte
auf dieser Erde zu machen,
das ist ein Wunder.

Thich Nhat Hanh
Buddhistischer Mönch und Zen-Meister

Achte auf deinen Atem.
Auf das Gefühl in deiner Haut.
Und auf deiner Haut.
Lass alles geschehen, wohin der Weg dich auch führt.
Gehe langsam.

Erfreue dich an den Blättern des Baumes, an den Farben der Blüten, am Wind, der dich umweht.

Sende Liebe und Zärtlichkeit in die Welt.
Umarme deine Gefühle.

Und jetzt – **sei achtsam**:

- Was siehst du?
  Was wird vor deine Augen geführt?
- Wandern deine Blicke zum Boden?
  Zieht es sie in die Höhe?

Hebt man den Blick,
so sieht man keine Grenzen.

Aus Japan

- Was hörst du?
  Was dringt an deine Ohren?
- Was riechst du?
  Welche verschiedenartigen Gerüche nimmst du wahr?
- Was schmeckst du?
  Welchen Geschmack tragen deine Lippen, wenn du gehst?
- Was fühlst du?
  Welche Empfindungen begleiten dich auf deinem Weg?

- Was wird dir bewusst?
  Was will von dir wahrgenommen werden?
- Was kommt in deine Nähe?
  Was bleibt in weiter Ferne?
- Siehst du ein Detail?
  Oder das große Ganze?
- Was liegt zwischen dem Sehen?
  Was liegt hinter dem Hören?

Wer Schmetterlinge lachen hört,
der weiß, wie Wolken schmecken.

Carlo Karges (1951-2002)
Musiker

Du wirst den Punkt erspüren, wann es Zeit ist, wieder umzukehren.

3.3 Meditation: Der weite Atem

Meditation im Gehen.
Lass dich führen.
Erlaube deinen Füßen, langsam zu sein.

Wenn du offen bist und dich führen lässt, kann dein Herz aufatmen.
Du schenkst ihm Raum und Achtsamkeit.
Genieße die Langsamkeit, die Ruhe, die Erhabenheit des Schweigens ...

Beginne, auf Details zu achten.

Höre den leisen Wind, wie er die Blätter sanft berührt.
Spüre die Stille, den Einklang.
Stille lässt Raum zum Atmen.
Stille besänftigt und beflügelt zugleich.
Wenn du in der Stille bleibst, bist du nahe am Ursprung.

Horche hinein in den Klang der Stille.
Stille hat Ausdruck, hat Gebärde.
Stille hat ein Gesicht.

Stille ist der Atem des Ewigen.
Stille ist der unhörbare Herzschlag allen Lebens.

Verbundenheit, die aus der Stille kommt, ist Hohes Lied und Harmonie.
In der Stille ist alles enthalten.

Schweigen und Klang sind Einheit.
Ehre die Stille.
Sie ist die schönste Musik.

Erst in der Stille beginnst du zu hören.

Schweizer Pilgerspruch

3.4 Die Rückkehr

Schreite auf deinem **Rückweg** in der gleichen Langsamkeit, die du auf deinem Hinweg gewählt hast.
Es geht nicht darum, die Erkenntnisse möglichst schnell zu Papier zu bringen. Dein Herz hat alles gespeichert – und du wirst nach dem meditativen Gehen in der Stille des Augenblicks das niederschreiben können, was für dich wirklich wichtig ist.

Bleibe auch beim Schreiben in der Stille.

Du kannst, anstatt Worte aufzuschreiben, zu den Erfahrungen deines Gehens auch **ein Bild malen**. Nimm dazu am besten bunte Wachsmalstifte oder Pastellkreiden, mit denen du großflächig und intuitiv deine Gefühle zu Papier bringen kannst. So fließen deine emotionalen Energien noch viel freier.

Male dich und deine Erfahrung, während du ganz in der Präsenz des Augenblicks bist.

Nun hast du vor dir deine einfach formulierte Frage, deine ungeöffnete Spruchrolle, deine niedergeschriebene oder gemalte Antwort zu deiner Geh-Meditation. Gleich folgt der **vierte Schritt**.

Zuvor möchte ich dir aber als Beispiel und Ermutigung für deinen eigenen Weg die Eindrücke meines ersten meditativen Gehens ans Herz legen. Sie faszinieren mich bis heute.

3.5 Erfahrungen mit dem langsamen Schreiten – die Offenbarung des Blattes

Früher war meine Überzeugung: Meditation im Gehen? Da passiert ja nichts. Entweder ich gehe mit Verstand und Ziel – oder ich schlendere zum Zeitvertreib.

Als ich im Rahmen eines Seminars das langsame Schreiten, das Überlassen an den Augenblick kennenlernte, war es kein meditatives Gehen durch die Natur, sondern es ging quer durch das Zentrum und die Shopping-Meile einer mittelgroßen Stadt in Süddeutschland. Kein gutes Pflaster, um in geistiger Ruhe zu gehen – dachte ich. Weit gefehlt. Meine Schritte führten mich in der Mitte einer vorgegebenen, begrenzten Zeit auf den Hof einer städtischen Schule. Ich war nicht sicher: Zog mich etwas hierhin? Wartete eine Antwort auf mich? Sollte eine Begegnung stattfinden?

Es war kurz vor Weihnachten, nicht kalt, aber doch merklich kühl. Als ich den Boden des Schulhofs betrat, fiel mein Blick auf die letzten, nicht weggekehrten Blätter, die von einem Baum stammten, der in der Mitte des Schulhofs zwischen dem Beton als einzige natürliche Erhebung aufragte. Um ihn herum eine runde, steinerne Sitzbank für die Schüler. An diesem Samstag völlig verwaist, menschenleer. Irgendwie hatte der Baum das Runde der Sitzbank übernommen. Auch seine blattlose Krone war rund wie eine Kugel gewachsen.

In diesem Moment spürte ich mich als **Teil der Ganzheit**, des Runden, des Ein und Alles. Selbst die unbelebten Fenster schienen mir nicht mehr Teil der Materie, sondern gaben den Rahmen ab für den hochaufragenden Baum. Hier und jetzt spürte ich eine Dankbarkeit dem Leben gegenüber – und damit einer übergeordneten Energie gegenüber, die alles umfängt und alles durchdringt.

Suche nicht draußen!
Kehre in dich selbst zurück!
Im Innern des Menschen wohnt die Wahrheit.

Augustinus von Hippo (354-430)
Christlicher Kirchenlehrer und Philosoph

Wie auf Geheiß einer inneren Stimme fiel mein Blick auf eines der angewelkten, liegen gebliebenen Blätter in unmittelbarer Nähe des Baumes. Diese innere Stimme ermunterte mich, just

dieses Blatt mit auf den Rückweg zu nehmen, der mich langsamen Schrittes über die Fußgängerzone ins Hotel und zum Seminar zurückführte.

Ich versuchte, dabei besonders auf meine **Sinne** zu achten:

- Welche Geruchsempfindung zieht sich an meiner Nasenscheidewand empor?
- Was nehme ich wahr, wenn meine Augen sich nicht auf eine bestimmte Sache konzentrieren, sondern »abwesend« die Welt in sich hineinfließen lassen?
- Wie hört sich der Klang der Stille auf jenem Schulhof an – und der Klang der Betriebsamkeit in der Stadtmitte?
- Was schmecken meine Lippen in der Sanftheit des Augenblicks und im Menschengetümmel?
- Und vor allem: Was fühlt sich in mir?

In dieser ersten Erfahrung, nach nur einer Stunde, sammelte sich ein innerer Friede, eine **Seelenruhe**, ja eine Gelassenheit im Sosein.

Seltsamerweise fühlte ich mich für dieses Blatt verantwortlich. Ja, ihm darf nichts zustoßen, war mein Empfinden. Selbst die welkenden Ecken sollten nicht durch unachtsame Bewegungen zu Schaden kommen.

Und Fragen kamen auf, nicht drängend, mehr im Hintergrund:
Warum hat mich ein Herbstblatt so angezogen?
Wieso halte ich es jetzt in meinen Händen?
Warum ist es gerade dieses Blatt, das mich auf meinem Weg begleitet? – Es hätte doch auch jedes andere sein können!
Oder keines.

»Sentimentaler Blödsinn ...«, hörte ich meinen Verstand murren.
Und: »Was soll das? Willst du das etwa mit nach Hause nehmen? – Wirf es weg!«
Doch dieser Gedanke bekam keine Macht, keine Energie.

Ganz im Gegenteil: Ich spürte gerade jetzt eine beseelte Heiterkeit, ein Gefühl von Urvertrauen und Tiefe. Was gibt es Beglückenderes, als eine innere Wirklichkeit zu spüren, die dich mit allem verbindet, was ist. Für diesen Moment, im Hier und Jetzt.

Zurück im Seminar aber stand die Frage im Raum:
Was war die **Botschaft**, die ich »ergehen« sollte?

Ich war hin- und hergerissen zwischen dem kleinen Analytiker im Gehirn, der die alte Dominanz wiederherstellen, die Situation oberlehrerhaft bewerten wollte – und meinem inneren Gefühl, dass es nichts zwischen Himmel und Erde gibt, das man losgelöst voneinander betrachten kann.

Ich hörte mich eine lange Weile schweigen –
bis sich in mir eine **innere Wahrheit** offenbarte:

Das Blatt verwelkt.
Seine Struktur verändert sich, geht in einen anderen Zustand über.
Und dennoch: Es bleibt Energie, Schwingung, Information.[34]
Energie kann sich umwandeln, transformieren, geht aber nach den Erkenntnissen der Physik nie verloren: Alles, was zerlegt wird, bildet ein großes Ganzes. Alles, was zerfällt, bleibt Teil der einen Einheit.

So bleibt das Blatt mit seinem Ursprung allezeit verbunden.

Das Blatt ist Teil des Baumes.
Der Baum ist Teil der Natur.
Die Natur ist Teil dieser Erde.
Die Erde ist Teil des Universums.
Das Universum ist Teil des ewigen Seins.
Das ewige Sein ist Teil des Blattes ...

In der Nachbetrachtung zur Geh-Meditation vertiefte mein Herz diese mystische Erfahrung. Dann sprach es aus mir:

»Dieses Blatt ist mein Begleiter, mein Ratgeber, mein Freund.
In diesem Blatt ist alles enthalten.
Der ganze Kosmos.
Mehr braucht man nicht zu sagen.«

Der gesamte Kosmos, das ganze Universum
ist im Hier und Jetzt vereint: das unendlich
lang Vergangene ebenso wie das unendlich
weit in der Zukunft Liegende.
Die Ewigkeit findet man im Hier und Jetzt.

Meister Dogen (1200-1253)
Gründer der japanischen Soto-Zen-Schule

Wir alle schwiegen noch eine halbe Stunde. Jeder blieb in seiner eigenen Erfahrung, behielt den Blick nach innen gerichtet, hingegeben an den Augenblick.

Es gibt eine Stille, in der uns nichts mehr trennt von der höchsten Intelligenz. Vom großen Bewusstsein, vom Tao, vom Om, von Gott. So wird die Stille, die Leere, zur größten Fülle unseres Lebens.

Hier bin ich, Gott, und ich bin dir nahe.
Ja, ICH BIN.

Aus der Meditation

Einige spirituelle Bücher sind mittlerweile über die **Geh-Meditation der Achtsamkeit** geschrieben worden, unter anderem vom Lehrer und Zen-Meister Thich Nhat Hanh, von Jon Kabat-Zinn[35] und in Deutschland vom Benediktinerpater Anselm Grün und dem evangelischen Pfarrer Detlef Wendler.[36]

Bei unserer Geh-Meditation ist die Offenheit und kindliche Unbekümmertheit in Hinsicht auf die gestellte Frage von wesentlicher Bedeutung. Im Einssein mit dem Weg, in der Selbstvergessenheit und **Hingabe an den Augenblick** kann ich mich einer Führung anvertrauen, die vielmals größer ist als ich selbst. Mir werden die Augen geöffnet, mehr noch: mein Herz geöffnet. Und so nehme ich wahr, was mir vorher verschlossen geblieben ist, was sich mir nicht gezeigt hat, was ich in der Betriebsamkeit und Hektik des Alltags übersehen musste.

Beim Gehen erhalten wir Botschaften – ja, Offenbarungen.

Wenn ich in meiner Arbeit die Geh-Meditation als Teil des Entscheidungsprozesses einsetze, kommen die Teilnehmer fast immer mit einer Botschaft an sich selbst zurück. Diese Hinweise haben stets einen Bezug zur gestellten Frage, auch wenn dies nicht jedem sofort einleuchtet. Nur selten ist die Botschaft plakativ. Sie will auch zwischen den Zeilen erahnt, zwischen den verschiedenartigen Wahrnehmungen entdeckt werden.

Aus der Praxis:
Eine Frau konnte sich in ihrem Leben schlecht abgrenzen, nur in bedrängenden Situationen »nein« sagen. Sie konnte aber auch selbst die Grenzen anderer Menschen nur schwer wahrnehmen und respektieren.

Auf der Geh-Meditation wurde sie harsch angegangen von einer Hauseigentümerin, was sie denn in ihrem Vorgarten zu suchen habe und aus welchen Gründen sie sich das Recht herausgenommen habe, über den kniehohen Zaun zu steigen. Völlig perplex entschuldigte sich die Teilnehmerin. Es wäre wirklich keine Absicht gewesen, sie habe gar nicht bemerkt, wie sie beim Gehen über den Zaun gelangt sei.

Ihr wurde das **Thema der Abgrenzung** eindrücklich vor Augen geführt.

Ein anderer Seminarteilnehmer sprach von dutzenden Baustellen in seinem Leben, bei denen er sich nicht entscheiden könne und nicht wisse, wo ihm der Kopf stehe. Er müsse so viel Müll in seinem Leben beseitigen und wisse gar nicht, wo er anfangen solle. Manchmal ziehe er sich die Decke über den Kopf und gebe sich seinen Depressionen hin.

Nach seiner Rückkehr zog er vor unserer Eingangstür seine Sportschuhe aus. Er könne damit unmöglich wieder das Haus betreten. Er sei wohl querfeldein gelaufen und auf einmal mit beiden Schuhen in einen großen Hundehaufen getreten ... »Aber das ist ja meine Wirklichkeit«, sagte er lächelnd. »Ich habe nun mal so viel Mist an der Backe, vielleicht sollte ich mich mehr darum kümmern.«

Es kommt nicht darauf an, ob die Botschaft richtig analysiert wird, sondern wie das Herz sie fühlt. Die Bedeutung einer Offenbarung, einer Botschaft klingt im Herzen und in der Seele. Sie ist keine Sache des Verstandes.

Zum Tor der Ewigkeit gelangst du nur
über dein Herz, deinen inneren Tempel.

Aus der Meditation

Jetzt ist die Zeit, zum **vierten Schritt** überzugehen.

4. Schritt: Die Vor-Entscheidung

Nun gilt es, eine Zwischenbilanz zu ziehen. Dazu ist es wichtig, nicht sofort wieder den kleinen Analytiker im Gehirn zu aktivieren, sondern für einige Augenblicke noch **in der Stille** zu bleiben.

Was hast du gerade – nach deinem meditativen Gehen – aufgeschrieben, was gemalt?

Was spürt deine Intuition, was fühlt dein Herz, das mit deiner Fragestellung zusammenhängt?

Wo kann ein versteckter Hinweis, eine verschlüsselte Botschaft liegen?

Gab es eindeutige Informationen auf dem Weg deiner Geh-Meditation?

Spüre in dein Herz.

Beispiele von Teilnehmern:

- Ich bin immer in Sackgassen gelandet. Mir wurden immer wieder Grenzen vor Augen geführt.

- Ich habe wunderschöne Farben und Formen wahrgenommen, viel mehr als im Alltag.
- Ich musste immer nach oben schauen. Der Himmel zog mich magisch an.
- Ich stand wie gebannt vor einem Löwenzahn, der durch den Asphalt gewachsen war. Diese Kraft ... Ich konnte mich gar nicht mehr davon lösen.
- Ich war auf dem Weg zu meiner weiterführenden Schule. Da habe ich auf dem Absatz kehrtgemacht und stand auf einmal vor einem verschlossenen Kindergarten. Fast hätte es mich über die Mauer gezogen ... Der Kindergarten hat es mir angetan.
- Die kleinen Dinge sind mir besonders aufgefallen. Darauf achte ich sonst gar nicht.

Drei Dinge sind aus dem Paradies geblieben:
die Sterne der Nacht, die Blumen des Tages
und die Augen der Kinder.

Dante Alighieri (1265-1321)
Italienischer Dichter und Philosoph

- Ich bin vom Weg abgekommen, auf dem alle gingen. Es hat mich querfeldein durch den Schnee gezogen. Da war kein Weg, aber viel Gebüsch. Als ich da durch war, stand ich plötzlich in einem wunderschönen Licht, ein

Sonnenstrahl fiel auf mich. Und ich hatte ein seliges Gefühl: Geh deinen eigenen Weg!

- Ich stand auf einmal vor einem abgestorbenen Baumstumpf. Ich schaute wie fasziniert. Da war so viel Leben drin, so viele Tierchen, Moose ... Er war abgestorben und doch nicht tot.
- Ich gehe normalerweise nie ohne Handy. Ich telefoniere immer. Jetzt durfte ich ja nicht. Da stand auf einmal ein Reh vor mir und sah mich an ...

Gewahr werden, was geschieht – und das in aller Stille.

Danach kann es auch nützlich sein, sich mit vertrauten Menschen darüber auszutauschen und sich **den Spiegel vorhalten** zu lassen. Es eignen sich natürlich nur Menschen dafür, die offen sind für diese Art der Entscheidungsfindung. Denen du vertrauen kannst und die nicht hinter deinem Rücken dein Vertrauen missbrauchen.
Menschen, die sich in einem guten Geist versammeln, können füreinander wertvolle Impulsgeber, ja Diamantenschleifer sein.

Nun folgt das, was viele Teilnehmer meiner Seminare mit Spannung erwarten:

Das Öffnen der Spruchrolle.

Wenn du den Inhalt gelesen hast, rufe ihn nicht lauthals in alle Welt, sondern schließe wieder deine Augen, und spüre ihm nach.

Ganz spontan:

- Was blitzt als Erstes in deinem Kopf und Bauch auf?
- Berührt der Gedanke dein Herz und deine Seele?
- Welche Gefühle löst er aus?
  Trauer, Erleichterung, Wut, Zufriedenheit, vielleicht sogar Glück?
- Kann er eine Antwort auf deine Frage sein?
- Spürst du in dir den Hauch einer Ahnung, dass er etwas mit deiner Frage zu tun haben könnte?
- Wehrst du ihn ab?
- Weckt er dein Interesse?
- Bringt er dich weiter?
- Wenn du ehrlich zu dir bist: Trifft der Gedanke einen wunden Punkt in dir?
- Wenn er dein Herz trifft: Zeigt er dir den Weg zur inneren Einheit?

Wenn du magst: **Notiere deine Eingebungen,** und tausche dich wieder aus.

Dann kannst du dich auf den **fünften Schritt** vorbereiten.

5. Schritt: Die Entscheidung auf dem Fußboden

Jetzt wird es schräg. Das sage ich jedenfalls an dieser Stelle sehr oft.
Wer bis jetzt noch der Überzeugung war, dass sein Verstand, sein analytisches Denken, doch vorrangig beteiligt ist und der Leitspruch »rein zufällig« gezogen wurde, hat nun keine Chance mehr, sich auf seinen Verstand zu verlassen. Diese Übung kann nicht manipuliert werden. Ich selbst habe anfangs gar nicht geglaubt, dass so etwas möglich sein kann.

5.1 Was du dazu brauchst

1. Drei runde, gleichfarbige, am besten weiße **Scheiben aus festerem Papier** oder Pappe im Durchmesser von ca. 20 cm.[37] Ich besorge sie mir als sogenanntes Moderationszubehör im Schreibwarenhandel oder im Internet. Wenn dir das zu aufwändig ist, kannst du auch einfache weiße DIN-A4-Blätter verwenden.

Ein Tipp hierzu: Nimm nicht nur ein dünnes Blatt, denn dann drücken sich die Worte, die du darauf schreiben sollst, durch, und du könntest beeinflusst werden. Klebe dann besser drei Blätter zusammen, so dass sie blickdicht sind. Ich selbst bevorzuge allerdings immer die Kreisform.

2. Einen weichen **Bleistift**, mit dem du so sanft schreiben kannst, dass sich das Wort nicht durchdrückt und du es von der Rückseite nicht erahnen kannst.

3. Einen **ebenen Fußboden**, auf dem du die drei Scheiben im Abstand von annähernd einem Meter gut platzieren kannst.

5.2 Wie du vorgehst

Lege die **drei Scheiben** nebeneinander vor dir auf einen Tisch. Dann schließe deine Augen, und vertiefe dich wieder in deine Frage.
Spüre in dich hinein, wie wichtig dir die Beantwortung deiner Frage wirklich ist.
Liegt sie dir wirklich am Herzen?
Je mehr sie dir am Herzen liegt, desto mehr Energie wird in diesen Prozess gelenkt.

Wenn du spürst, dass du mit Herz und Seele hinter der Frage stehst und dass sie etwas in dir berührt, dann öffne die Augen leicht, so dass du die drei Scheiben vor dir erkennen kannst.

Dann nimm den weichen Bleistift, und schreibe ganz sanft, damit es sich nicht durchdrückt, in die Mitte der ersten Scheibe ein **Ja**, in die Mitte der zweiten Scheibe ein **Nein** und in die Mitte der dritten Scheibe die Worte **Keine Entscheidung**.

Lege nun den Bleistift wieder aus der Hand, drehe die Scheiben mit der Schrift nach unten und mische sie. Bleibe dabei in dieser meditativen Grundstimmung, bleibe in deinem Inneren.

Jetzt weißt du nicht mehr, unter welcher Scheibe die einzelnen Worte stehen.

Auf die jetzt sichtbaren, unbeschriebenen Rückseiten schreibst du nun die **Zahlen 1, 2** und **3**. Diese Zahlen dienen nur dem Zweck, dass du später besser benennen kannst, auf welcher Scheibe du welche Empfindungen verspürt hast.

Verteile jetzt die drei Scheiben auf dem **Fußboden**, wobei die Seite mit der Zahl darauf nach oben zeigt. Dabei ist der Abstand zwischen den Scheiben im Grunde beliebig. Ich empfehle, ungefähr einen Meter Platz zwischen ihnen zu lassen. Du kannst die Scheiben auf dem Fußboden nebeneinander anordnen, diagonal oder in Dreiecksform.

Wenn du die Entscheidung auf dem Fußboden jetzt durchführst, bleibe mit deinem Herzen immer bei deiner Frage. Schreite dabei – fast wie bei der Geh-Meditation – zunächst um die Kreise herum, zwischen den Kreisen hindurch ... bis du das Gefühl hast, jetzt ist der richtige Zeitpunkt, dich auf die erste Scheibe zu stellen. Das muss nicht die Scheibe mit der Zahl 1 sein, die Reihenfolge ist völlig beliebig.

Wenn du **mit beiden Füßen** auf deiner ersten Scheibe stehst, schließe wieder die Augen, stelle dir innerlich nochmals die Frage – und dann lass los. Das, was geschieht, liegt nicht mehr bei dir. Du bist Teil eines größeren Ganzen. Der Kosmos kennt Wege, die wir höchstens erahnen, letztendlich aber nur in Demut annehmen können. Deshalb:
Lass geschehen, was geschehen soll.

Bleibe eine beliebige Zeit auf dieser Scheibe stehen. Wenn du das Empfinden hast, auf dieser ersten Scheibe genug gespürt zu haben (oder auch nichts), öffne deine Augen und schreite wieder eine kurze Zeit zwischen den Scheiben umher. Stelle dich dann auf die nächste und wiederhole deine Vorgehensweise.

Das Gleiche geschieht danach auf der dritten Scheibe.

Diesen Vorgang kannst du zwei- bis dreimal wiederholen. In aller Regel hast du dann ein sicheres Gespür für mögliche, sich unterscheidende Signale erhalten.

5.3 Wie du auswertest

Oftmals höre ich: »Jetzt klopft mein Herz. Was kommt da jetzt wohl raus?!«

Ich lasse dann zunächst die Gefühle beschreiben:

- **Auf Scheibe 1 fühlte ich ...**
- **Auf Scheibe 2 fühlte ich ...**
- **Auf Scheibe 3 fühlte ich ...**

Nun wird es in aller Regel spannend: Die drei Scheiben werden eine nach der anderen umgedreht.

Welches Gefühl, welche Sicherheit oder Unsicherheit, welchen festen Stand oder welches Schwanken habe ich auf der jeweiligen Scheibe empfunden?

Und zu welcher Entscheidung gehört das Gefühl:

- Zu **Ja?**
- Zu **Nein?**
- Zu **Keine Entscheidung?**

In diesem vorletzten Teil des Prozesses hatte dein Verstand keine Chance. Doch es ist wahrscheinlich etwas geschehen – sofern du offen, freudig und dankbar durch diesen Prozess gegangen bist –, was mehr in Bewegung setzt als rationale Analyse. Unserer Intuition und unserem Herzen stehen viele Türen offen, wenn wir nicht alles steuern und kontrollieren wollen. Seien wir dankbar für das, was wir nicht erklären können. Denn es bringt uns mit Möglichkeiten in Verbindung, die jenseits unserer Alltagslogik liegen.

Wie ordnest du dieses Ergebnis jetzt ein?

Manchmal ist es gar nicht gut, sofort mit einem »Na klar, das habe ich auch nicht anders erwartet!« zu reagieren. Andererseits kann es auch sein, dass du die Entscheidung auf dem Fußboden in diesem Moment absolut nicht verstehen kannst, weil sie nicht eindeutig war oder weil du auf »Keine Entscheidung« am sichersten gestanden hast. Dann lass die Uneindeutigkeit zu, und vertraue sie deinem Herzen an. Auch so ist dieser Prozess nicht vergebens gewesen. Denn manches muss noch reifen, um zur Entscheidung zu gelangen. Auch wenn das für unser ungeduldiges Ego schwer zu akzeptieren ist.

5.4 Ermutigung 1: Über den Umgang mit Merkwürdigkeiten

Es geschehen schon merkwürdige Dinge: Da sagt mir eine Frau, dass mit dem Fußboden irgendetwas nicht stimmen könne. Sie habe den Eindruck, dass auf der einen Seite des Bodens, auf dem die Scheibe mit der Zahl 3 liegt, eine Fußbodenheizung aktiv sei, einen Meter weiter links aber nicht. »Wieso?«, fragte ich zurück. »Ja«, meinte sie, »auf der 3 wird mir so warm, und auf der 1 daneben wird mir eher kalt.«
Als ich ihr erklärte, dass wir überhaupt keine Fußbodenheizung haben, verstand sie die Welt nicht mehr.

Nicht immer sind jedoch die Unterschiede so frappierend. Viele spüren auf den drei Scheiben zunächst zwei fast identische Empfindungen und nur eine, die leicht davon abweicht – zum eher Positiven oder eher Negativen hin. Die Unterschiede sind ohne Übung oder ausreichende Intensität der Frage und des inneren Beteiligtseins am Anfang oft geringfügig.

Manchmal werde ich gefragt: »Muss ich denn den Umweg über die Geh-Meditation machen? Kann ich mir nicht die Frage stellen und sofort auf die drei Scheiben treten?« – Auch das kann gelingen. Aber **es verringert unsere Hingabe** an das, was geschehen soll. Zusätzlich schmälert es die Energie im Entscheidungsprozess und ist letzten Endes wieder nur ein Zeichen unserer Ungeduld und Ego-Laune. Also, gehe langsam den langen Weg. Er führt dich in dein Herz.

Das dauert. Lass dich dabei von Fehlschlägen nicht entmutigen.
Möglicherweise bist du selbst im Moment zu aufgeregt, weil du eine bestimmte Antwort befürchtest – oder eine in deinem Sinne positive Entscheidung zu sehnsuchtsvoll erhoffst.

Vielleicht ist die Frage richtig, aber der Zeitpunkt falsch gewählt.
Oder die Frage steht im Rahmen deines Lebenskonzepts noch nicht an.

Es kann auch zutreffen, dass **das göttliche »Drehbuch«** für deinen nächsten Schritt die Planung oder Abfolge geändert hat:

Eine Patientin, die zum zweiten Mal an Krebs erkrankt war, stellte die Frage: »Ist das, was ich in diesem Jahr gegen meine Krankheit unternehme, der beste Weg zu meiner Gesundung?«
Sie stand am unsichersten auf »Ja« – und am sichersten auf »Nein«.
Auf das Ergebnis reagierte sie zunächst sehr ängstlich. Als ich sie fragte: »Haben Sie wirklich alles getan, um gesund zu werden?«, antwortete sie einschränkend: »Alles, was die Schulmedizin mir angeboten hat. Aber ich bin unsicher, ob das reicht. Vielleicht soll das ›Nein‹ mich ja ermutigen, Möglichkeiten der alternativen Medizin und der Homöopathie mit einzubeziehen. Oder mehr meinen Selbstheilungskräften zu vertrauen.
Dann würde das ›Nein‹ einen Sinn machen, denn daran habe ich noch nicht gedacht.«

Wer sich an die Weisheit des Herzens hält und
sie als Autorität anerkennt, was braucht der
noch andere Autoritäten?

Chuang Tzu (365-290 v. Chr.)
Chinesischer Philosoph und Dichter

Stelle dich diesem Teil des Prozesses am besten, ohne mitzufiebern.
Bleibe in der Ruhe, und denke daran, auf den drei Scheiben die Augen zu schließen und nach innen zu spüren. Bleibe

ganz in der Achtsamkeit und Präsenz wie bei der Geh-Meditation.

Entwickle ein Gefühl für Nuancen, kleine Veränderungen, Abweichungen.
Gehe mit deiner Aufmerksamkeit während des Stehens auch einmal vollkommen in deine Füße. **Werde zu deinen Füßen.**

- Stehen sie fest verwurzelt?
  Oder eher wackelig?
- Spürst du ein leichtes Kribbeln oder Prickeln an den Fußsohlen?
  Sind sie gut durchblutet?
  Oder werden sie kühl, kalt?
- Spürst du kleinste Vibrationen an irgendeiner Stelle deines Körpers?
- Einen leichten Schwindel?
  Ein Schwanken?
  Ein subtiles Hin- und Hergerissensein?
- Würdest du am liebsten direkt von der Scheibe wieder heruntergehen?
  Oder länger verweilen wollen?
- Ist der Herzschlag eher aufgeregt, unrund, nicht im Einklang?
  Oder ist dein Herzraum in Ruhe und Frieden?

Wechsle die Scheiben sooft du willst, aber **versuche nicht, eine Antwort zu erzwingen**. Wenn du bei der Frage, die du gestellt hast, keine Hinweise bekommst, dann ist das jetzt so. Bedanke dich auch dann bei deinem Herzen, deinem inneren Helfer, deiner großen Seele. Auch wenn dir zunächst keine Entscheidung geschenkt wird, ist das ein Ergebnis.

»Was heißt das denn«, werde ich oft gefragt, »wenn ich mich auf der Scheibe am wohlsten gefühlt habe, unter der ›**Keine Entscheidung**‹ steht? Mache ich dann etwas falsch?«

Du kannst keine Fehler machen. In Seminaren haben manchmal die Hälfte der Teilnehmer den sichersten Stand auf »Keine Entscheidung«. Dann höre ich folgende Kommentare: »Ist eigentlich klar. Ich bin ja immer noch hin- und hergerissen und wahrscheinlich noch gar nicht offen für eine ernsthafte Entscheidung.« Oder: »Wahrscheinlich ist es zu früh, nach vorne zu gehen. Da sind noch einige alte Baustellen, die ich erst in Angriff nehmen muss.«

»Keine Entscheidung«, also unentschieden, heißt: Die **Zeit der Klarheit** ist noch nicht gekommen. Vielleicht morgen, vielleicht in einem Jahr. Übe dich also weiter in Achtsamkeit, und schenke deinem Herzen einen weiten Raum, damit Klarheit und Entschiedenheit Platz finden in deinem Leben.

Die schönste Freude erlebt man immer da,
wo man sie am wenigsten erwartet.

Antoine de Saint-Exupéry

Auch ich erlebe noch manches Mal, jedenfalls häufiger als mir lieb ist, den besten Stand auf »Keine Entscheidung«. Dann bitte ich die göttliche Energie, meine Hingabe zu stärken, meine Geduld zu mehren und mich von meinen überzogenen Erwartungshaltungen zu erlösen.

Jetzt – oder mit einigem zeitlichen Abstand zu dieser Übung – wartet der **sechste Schritt** auf dich.

6. Schritt: Die Würdigung

Wenn du dich entschieden hast, diesen Prozess zu durchlaufen, solltest du am Ende **das Ergebnis würdigen**. Dabei kann es sein, dass du das Resultat noch nicht in Worte fassen kannst, über das Ergebnis irritiert oder unzufrieden bist. Oder du fragst dich: Was fange ich jetzt damit an?
Vielleicht bist du aber auch glücklich, weil du aus der Stagnation, dem inneren Hin und Her, hinausgeführt wurdest.

Ganz gleich, wie du zum Ergebnis stehst: Würdige es. Sei dankbar.
Danke ist das Zauberwort, das wir in unserem Leben viel zu wenig anwenden. Wenn du dankbar bist, wenn du dich innerlich verneigst – vor der Urkraft, der ganzen Schöpfung, auch vor diesem Prozess, in den du gerade eingetreten bist –, dann förderst du über deine Dankbarkeit die Demut in dir. Und **Demut** ist eine wesentliche Voraussetzung für ein offenes Herz.

Verneige dich also – innerlich oder äußerlich – vor der Kraft, die dich in diesem Prozess über die sechs Schritte begleitet und geführt hat. Du kannst sie deinen inneren spirituellen Helfer nennen oder Urenergie oder Gott, das liegt bei dir und deiner Sichtweise der Dinge.

Der Himmel ist in mir.

Elisabeth von Dijon (1880-1906)
Karmelitin und Mystikerin

Es ist ratsam, am Ende der sechs Schritte nicht einfach zur Tagesordnung oder Umsetzung des Ergebnisses überzugehen, sondern für einen Moment innezuhalten und dich mit der Urkraft zu verbinden. Denn du bist nicht wichtiger und nicht weniger wichtig als die anderen. Und deine Anliegen sind nicht wichtiger und nicht weniger wichtig als die der anderen.

Du bist in diesem Prozess durch einen Raum der Möglichkeiten, durch ein Erfahrungsfeld gegangen. Ob es ein **»wissendes Feld«** ist, wie Bert Hellinger[38] es wohl bezeichnen würde, oder ein **»unbewusstes, inneres Wissen«**, das nach Milton H. Erickson[39] auch die Anbindung an das Göttliche in sich trägt, weiß ich nicht.
Ich kann dir keine rationale, naturwissenschaftlich gültige Theorie anbieten, die über einzelne Forschungsergebnisse hinausgeht.[40] Ich glaube auch nicht, dass das notwendig oder zielführend ist. Es geht um Vertrauen.

In all den Jahren, in denen ich mit dieser »Methode« arbeite, haben annähernd 95 Prozent der Seminarteilnehmer an irgendeiner Stelle des Prozesses Informationen erhalten. Manchmal nur ganz kleine Hinweise, oftmals eindeutige, in einigen Fällen auch solche, die von der Aussage »unglaublich!« begleitet wurden.

Wie gesagt: Es geht für mich nicht um Erklärungsmodelle. Ich möchte damit niemanden zufriedenstellen. **Es geht um die Weisheit des Herzens**, um die Verbundenheit mit allem, was ist.
Ist es nicht eher eine Sache des Vertrauens, das dankbar hinzunehmen, was an uns geschieht?!

Halte also eine Zeitlang inne, und **würdige dein Ergebnis**.

IV. Erfahrungen mit dem Entscheidungsweg des Herzens: Was die Augen sehen – und was das Herz weiß

1. Das hat Luzie erlebt

Luzie (Beamtin, 53 Jahre) litt unter multiplen Traumatisierungen, ausgelöst insbesondere durch sexuelle Übergriffe von Männern, mehrfachen Vergewaltigungen, aber auch Grenzüberschreitungen im Elternhaus.

Luzie hatte sich im Laufe der folgenden Jahrzehnte mit ihrer Sexualität arrangiert, fühlte sich jedoch seit langem nicht mehr in der Lage, eine feste, auf Nähe ausgerichtete Beziehung zu leben.
Im Verlauf der Therapie – und nach Bearbeitung einiger traumatischer Erfahrungen – spürte sie ein aufkommendes Bedürfnis nach Nähe – bei gleichzeitiger Panik, wieder an den Falschen zu geraten.

Im Seminar zur Herzentscheidung stellte sie im 1. Schritt ihrem Herzen die Frage: **Habe ich Angst davor, Nähe zuzulassen?**

Sie zog im 2. Schritt einen Spruch als Antwort auf die Frage, steckte ihn ungelesen in die Tasche und begab sich auf eine einstündige Geh-Meditation (3. Schritt).

Zurückgekehrt, berichtete Luzie im 4. Schritt:

»Der Spaziergang war **rotlastig**. Dabei ist Rot gar nicht meine Farbe.
Meine Schritte führten mich zu einer bunt bemalten Garage, bei der die Rottöne dominierten. Ich kam da nicht ganz aus dem Verstand heraus. Ich habe mir gedacht, ich solle das Schöne im Leben sehen.
In der Garage stand auch noch ein rotes Auto.

Als ich weiterging, sah ich eine Person, die auf einer Bank saß. In der Ferne hörte ich einen Hund bellen.

Dann kam ich an einem Poller vorbei. Der hatte die Signalfarbe Rot.

Irgendwann stand ich vor einem Trampelpfad. Den bin ich nicht gegangen. Es überkam mich ein Gefühl der Angst. Ich wusste nicht, wo der hinführt.
Ich hatte keinen Überblick.

Danach sah ich ein Pärchen – sie trug eine leuchtend rote Jacke. Da war Nähe zwischen den beiden. Die hat mich irgendwie berührt.

Auf einmal lag ein Baumstamm im Weg. Da habe ich mir gedacht: Probier es einfach mal aus – und bin darüber balanciert. Ein klein bisschen mutig war das schon. Es hat geklappt – und ich habe gestrahlt.

Dann kam ich an einem zweiten Trampelpfad vorbei. Auch da wusste ich nicht, wo der hinführt. Und bekam wieder Angst.

Auf dem Rückweg fiel mein Blick noch auf ein Wahlplakat mit einem fetten roten Kreuz. Da dachte ich, wie aufdringlich doch solche Plakate sind.

Am Ende sah ich noch zwei knallrote Autos in einem schmalen Weg stehen. Dann hat es mich wieder hierher geführt.«

Und weiter: »Wenn ich meinem Verstand vertrauen darf, dann glaube ich, dass ich **Angst habe, Nähe zuzulassen.** Rot mag ich ja nicht besonders. Das Ganze scheint mir eher ein Hinweis auf ein rotes Stopp-Signal zu sein, was Nähe betrifft. Ich möchte eben die Fäden in der Hand halten. Ich kann mich schlecht fallen lassen. Ich glaube, ich habe Angst, mein Herz zu öffnen für die romantische Liebe.«

In der Gesprächsrunde mit allen Teilnehmerinnen und Teilnehmern des Seminars drängte sich ein anderer Impuls auf: Ist das Signal, ist die Botschaft wirklich als »rotes Stoppschild«, also keine Nähe zuzulassen, zu werten?

Nach einer kurzen Besinnung, einem Hineinfühlen ins eigene Herz, veränderte sich die Einschätzung. Nun waren die meisten überzeugt, dass die Farbe Rot hier für Liebe stehe, ja geradezu eine Aufforderung sei, sich wieder **für die Liebe zu öffnen.** Luzie blieb skeptisch.

Also sollte nun der Inhalt des gezogenen – oder zugefallenen – Spruches einen weiteren Hinweis geben.
Sie öffnete ihn – und lächelte.

Auf ihrem Zettel stand:
Mut wächst mit dem Beginnen.

Mut heißt nicht, keine Angst zu haben,
sondern sich von ihr nicht lähmen zu lassen.

Paulo Coelho
Brasilianischer Schriftsteller

Es fällt zu, was fällig ist. Sprach **Rot** doch für die Liebe?

Jetzt stand der 5. Schritt, die Entscheidung auf dem Fußboden, an.
Luzie nahm die drei weißen Scheiben, und während sie sich innerlich die Frage stellte »Habe ich Angst davor, Nähe zuzulassen?«, schrieb sie auf die eine Scheibe mit Bleistift das Wort **ja**, auf die nächste das Wort **nein** und auf die dritte **keine Entscheidung**.

Unmittelbar danach drehte sie die kreisrunden Scheiben um und mischte sie.
Sich innerlich wieder die Frage stellend, malte sie auf eine beliebige Rückseite die Zahl **1**, auf eine andere die **2** und auf die letzte die **3**.

Dann legte sie diese in Dreiecksform auf dem Boden aus, erging sich eine Zeit lang – fast meditativ schreitend – zwischen den Kreisen, um sich dann mit der Frage auf eine der drei Scheiben zu stellen.

Nachdem sie die Augen geschlossen und ungefähr eine Minute in sich hineingespürt hatte, wechselte sie zu den anderen beiden – und wiederholte danach den Prozess in umgekehrter Reihenfolge.

Im Anschluss konnte Luzie über drei sehr **unterschiedliche Empfindungen** berichten:

»Auf der Scheibe mit der Zahl **3** auf der Oberseite konnte ich gar nicht sicher stehen. Das war kein gutes Gefühl. Ich wurde fast heruntergeweht. So, als ob ich nach rechts runterschieße.

Auf der Zahl **2** wippte ich leicht hin und her. Das war nicht unangenehm, aber auch kein sicherer Stand.

Und auf der Zahl **1** hatte ich ein gutes Gefühl. Da fühlte ich mich fest verwurzelt. Da hatte ich jederzeit das Gefühl: Hier stehst du sicher!«

»Willst du schauen, was darunter steht?«, fragte ich.
»Selbstverständlich.«
»Womit willst du beginnen?«, fragte ich sie weiter.
»Mit der Scheibe, auf der es mich fast runtergeweht hat, mit der 3.«

Unter der 3 stand das »Ja«.

Unter der 2 »keine Entscheidung«.

Bleibt also für die 1, für den festen, sicheren Stand, nur das »Nein«.

»Wenn also die Frage lautet, ›Habe ich Angst davor, Nähe zuzulassen?‹, und die verdeckte Antwort ›nein‹ bietet den sichersten Stand, was ist dann die Botschaft?«
Sie, wieder lächelnd: »Mein Herz hat anders entschieden als mein Verstand:

Ich habe keine Angst mehr davor, Nähe zuzulassen.«

Das Große ist nicht, dies oder das zu sein,
sondern man selbst zu sein.

Søren Kierkegaard (1813-1855)
Dänischer Philosoph, Theologe und religiöser Schriftsteller

Seit dieser Entscheidung des Herzens sind zwei Jahre vergangen. Ich sehe Luzie noch hin und wieder. Sie lebt bis heute in keiner festen Partnerschaft, hat ihre Kontaktfähigkeit aber weiter ausgebaut, ist offener geworden, auch Männern gegenüber, hat sich mit ihrer Vergangenheit versöhnt und steht nun vor einem beruflichen Wechsel in die Selbstständigkeit. Sie hat sich mittlerweile zur Heilpraktikerin für Psychotherapie ausbilden lassen und konsequent entschieden, ihren Beamtenstatus aufzulösen, auf Sicherheiten zu verzichten, um ihren Traum zu verwirklichen: eine Beratungspraxis für Menschen in Lebenskrisen zu gründen. Luzie strahlt: »Ich bin total dankbar dem Leben gegenüber!« (6. Schritt)

Sie ist auf dem Weg ihrer Bestimmung, denn sie hat gelernt, ihrem Herzen zu vertrauen.

Und jedem Anfang wohnt ein Zauber inne,
der uns beschützt und der uns hilft zu leben.

Hermann Hesse (1877-1962)
Dichter und Schriftsteller

2. Meditation: Die Sprache der Liebe

Das Herz spricht leise, aber tausendfach intensiver als die Stimme, die du kennst und täglich in deinen Gesprächen gebrauchst.

Die Stimme des Herzens kann wie Feuer sein, wie eine Glut, ein zündender Funke.

Die Sprache des Herzens ist die Sprache der Liebe.
Sie führt dich in eine unermessliche Tiefe, in das Heil deiner Seele, in die raum- und zeitlose Erfahrung deines Selbst.

Die Sprache der Liebe kennt keine Begriffe wie Angst und Furcht.
Sie sorgt sich nicht und bemitleidet nicht.

Die Stimme der Liebe urteilt und verurteilt nicht.
Sie schöpft aus der Überfülle des Lebens.
Sie ist die engste Verbindung zu Gott.

Sie ist der vollständige Einklang mit sich selbst, mit dem anderen, mit der Natur und allen Elementen.
Das Einssein mit der göttlichen Schwingung.

In der Sprache des Herzens und der Liebe gibt es keine Fragen.
Und es gibt keine Antworten.
Es gibt nur eins: das Hier und das Jetzt.

Ich bin.

Die Stimme der Liebe ist fraglos, geräuschlos – und doch so machtvoll.
Sie drängt sich nicht auf, besitzt andere nicht und gibt sich selbst nicht auf.

Sie ist unangreifbar und führt keinen Kampf.
Sie hadert nicht, sie überhöht und unterwirft sich nicht.

Sie ist.

Die Sprache der Liebe beansprucht nicht, verteidigt nicht, schützt sich nicht.

Sie ist der Ausdruck reiner Seelentiefe und Harmonie.
Eine Stimme tiefster Gewissheit:

Alles ist eins.

Es gibt keine Trennung.
Weder zwischen Körper, Geist und Seele noch zwischen Mensch und Mensch, Mensch und Natur, Mensch und Gott.

In der Sprache der Liebe ist alles verborgen – und liegt alles offen.

Wer die Stimme der Liebe wiederentdeckt, hat das Labyrinth seines Lebens durchschritten.

Er ist zum Zentrum zurückgekehrt.

Die Liebe, o Govinda, scheint mir von allem
die Hauptsache zu sein. Die Welt zu durchschauen,
sie zu erklären, sie zu verachten, mag großer Denker Sache sein.
Mir aber liegt einzig daran, die Welt lieben zu können,
sie nicht zu verachten, sie und mich nicht zu hassen,
sie und mich und alle Wesen mit Liebe und Bewunderung
und Ehrfurcht betrachten zu können.

Hermann Hesse, Siddhartha

V. Vertiefung für Skeptiker

1. Das hat Christian erlebt

An dieser Stelle sollen – anhand der Erfahrungen von Christian – die **sechs Schritte** nochmals strukturiert und nachvollziehbar dargestellt werden.

Aufbruch – ob sich ein Weg lohnt, erkennst du erst,
wenn du losgegangen bist.

Werner Bethmann
Schriftsteller

Christian (selbstständiger IT-Berater, 45 Jahre) kam zu mir ins Einzel-Coaching. Es klingt paradox, aber er hatte zu viel Erfolg. Seine neue Geschäftsidee, die er zwei Jahre zuvor umgesetzt hatte, schlug so gut ein, dass er in 24 Monaten bereits 15 Mitarbeiter einstellen musste.
Das schmeichelte seinem Unternehmer-Ego, hatte ihn allerdings viel Kraft gekostet. Er fühlte sich zu diesem Zeitpunkt müde, schlapp und ausgebrannt. Nahe am Burn-out.

In seiner Wahrnehmung konnte er sich bisher immer auf seinen Verstand verlassen. Den hatte er ja auch durch vielseitige Interessen wach und präsent gehalten. Nun aber war er unsicher geworden. Sein **Verstand** sagte ihm nämlich: Vergrößere deine Firma. Gründe Zweigstellen in anderen Städten. Dann kannst du die Verantwortung auf mehrere Schultern verteilen – und selbst irgendwie darüber schweben, auf Kongressen Vorträge halten, Fachbücher schreiben, Akquisition betreiben. Dann bewegst du dich im freieren Segment, bist nicht mehr völlig eingebunden in das Tagesgeschäft.

Dann hast du mehr Zeit für deine Familie und deine Hobbys.
Dann kommt die Lebensfreude wieder.
Dann bist du nicht mehr so erschöpft wie heute.

Eine **innere Stimme** sagte ihm aber:
Der Weg bis zu dieser Freiheit ist ein steiniger Weg. Es kann einige Jahre dauern, bis du die Erleichterung spürst.
Macht deine Frau das mit?

Siehst du deine Kinder überhaupt noch, wenn du durch Deutschland tourst, um die Zweigniederlassungen zu gründen?
Was wird aus deinem Freundeskreis?
Was aus deinen sportlichen Aktivitäten?

Es blieb **ein ständiges Hin und Her**. Eine lähmende Schwere, eine Zeit, die Energie abzog und damit auch die Lebensfreude, die Leichtigkeit und Unbekümmertheit.

Müde und hilflos saß er vor mir. »Ich verzettele mich. Ich kann die Prioritäten nicht festlegen. Das Management nach innen macht mir keinen Spaß, dieses Arbeits-Controlling.
Ich sehe mich mehr als Außenminister: Pressearbeit, Vorträge halten und natürlich neue Kunden gewinnen – das alles macht Freude.

Andererseits kann ich aber auch schlecht loslassen. Ich habe Angst vor Kontrollverlust. Ich bin keine 30 mehr. Ich merke zunehmend mein Alter. Ich kriege das nicht auf die Reihe. Ich mache fünf Dinge gleichzeitig. Nein sagen geht auch ganz schlecht.

Ich bin auch kaum noch zu Hause. Mein Herz, diese Enge in der Brust – das macht mir immer mehr Probleme.

Wofür mache ich das alles?«

Unruhe ist immer eine Abweichung in der Liebe.

Bert Hellinger
Familientherapeut und Autor

Für Christian war eine »normale« Entscheidung auf dem Verstandesweg nicht möglich, was ihn sehr irritierte. Er hatte bis zu diesem Zeitpunkt nie sein Herz entscheiden lassen, weil er sich immer auf seinen Verstand verlassen konnte. Nun aber fühlte er sich verlassen.

Ich spiegelte ihm, dass Menschen, die fünf Sachen gleichzeitig machen, völlig in Auflösung sind und sich keiner Sache mehr konzentriert hingeben können. **Hingabe** setzt die Zentrierung auf eine Mitte voraus. Ich muss nicht Mutter Teresa sein, um mich hingebungsvoll einer Tätigkeit widmen zu können. Auch die Selbstfürsorge und Selbstliebe spielen eine große Rolle. Wenn ich nicht sorgsam mit mir selbst umgehe, wie kann ich dann meine Liebe, mein Herzblut, meine Schöpferkraft in mein Handeln fließen lassen?

Christian gestand seine **Ohnmacht** ein und entschied sich für einen Versuch mit dem Weg der Herzentscheidung.

1. Schritt: Stelle eine einfache Frage

Seine berufliche Frage lautete:

Ist es mein Weg, meine Firma wachsen zu lassen zu einem mittelständischen Unternehmen?

Christian betonte noch, dass er für die Antwort ganz offen sei.

2. Schritt: Ziehe einen Leitgedanken zur inneren Führung

Ich reichte ihm den Korb mit den 77 Spruchrollen.
Er tastete vorsichtig mit seiner linken Hand und überließ dann der inneren Führung die weitere Vorgehensweise.
Langsam bewegten sich die Finger zwischen den gerollten Zetteln. Möglicherweise erinnerte er sich – oder sein wissendes Herz? – daran, dass kein Leitgedanke »zufällig« gezogen werden kann, sondern dass der Impuls, der für diesen Moment und diese Frage eine Bedeutung hat, den Menschen schon »gewählt« hat. Der Spruch, der kommen soll, kommt auf jeden Fall. Nichts ist Zufall, alles macht Sinn.

Und so grub sich seine linke Hand noch tiefer in den Korb hinein – bis eine Rolle am kleinen Finger hängen blieb.
»Das ist sie!«, bemerkte er mit dem Unterton von leichter Irritation. Vielleicht war es auch eine Mischung aus Ungläubigkeit und Hoffnung.

3. Schritt: Begib dich mit deiner Frage und deinem Leitgedanken auf die Geh-Meditation

Christian steckte die ungeöffnete Spruchrolle in seine Hosentasche, bereit, sich von seinen Füßen führen zu lassen, achtsam zu sein und in geistiger Ruhe zu gehen. Ohne vorgegebene Richtung, ohne Absicht, dabei offen und neugierig wie ein Kind, mit einem leichten Lächeln auf den Lippen.

Wenn der Weg schön ist,
lass uns nicht fragen, wo er hinführt.

Anatole France (1844-1924)
Französischer Schriftsteller

Es war ein leicht bewölkter Tag, Anfang Juni, der Übergang zwischen Frühling und Sommer. Ab und zu lugte die Sonne zwischen den Wolken hervor, das Zwitschern der Vögel war zu hören, ein leichter Windhauch durchwehte das Haar, die jungen Blätter an den Bäumen zeigten sich verspielt, unterschiedlichste Grüntöne in der Natur erfreuten das Auge. Die Blumen erweckten den Eindruck, jeden Schritt lächelnd zu begleiten.

Jeder Schritt beruhigt und wird zum Teil des inneren Friedens, verwandelt den Weg in Freude. Gehen wird zur Meditation.

4. Schritt: Die Vorentscheidung

1. Was wurde dir auf der Geh-Meditation zugeführt?
2. Was sagt dein Leitgedanke dazu?

Nach der einstündigen Geh-Meditation stand Christian in der Tür. Kopfschüttelnd. »Unglaublich!« war sein erstes Wort. Staunen, vielleicht auch innere Erleichterung.
Jede Form von Hektik war verflogen.
»Unglaublich!«, murmelte er ein zweites Mal.
»Das war so eindeutig.«

Er berichtete, dass sein Blick zunächst auf einen Strohbesen gefallen sei, »so eine Art Hexenbesen«. Das habe dann ja wohl etwas damit zu tun, dass er in seinem Leben einiges auskehren, ja ausmisten solle.

Ein rostiger Pfosten, ein leerer Briefkasten, eine alte Baumarktlampe seien dann in sein Blickfeld geraten. »Alles Gegenstände, die schon bessere Zeiten erlebt haben.« Alles Irdische ist eben vergänglich ...

»Dann habe ich **nach oben** geguckt, in die Baumkronen hinein. Eigentlich habe ich aber gar nicht bewusst nach oben gesehen. Meine Augen sahen erst auf den Weg. Da habe ich die Steine wahrgenommen, die Löcher, das Holprige gesehen. Dann eine Clematis ... wunderschön. Auch Pusteblumen ... da habe ich an meine Mutter gedacht.

Aber immer wieder zog es meinen Blick nach oben in die Weite, in das Unbegrenzte. Da wurde mir klar: Ich gehe auf einer Grenze zwischen zwei Welten. Wir alle sind wohl Grenzgänger. Vielleicht ist es ja auch unsere Aufgabe, **Brücken zu bauen zwischen den Welten**.

Ich bin eine ganze Strecke auf der Grenze zwischen Feld und Wald entlanggegangen. Und irgendwie wurde mir bewusst: Das Leben hat so viel zu offenbaren.«

Neugierig öffnete er seine **Spruchrolle**.

Vor der Geh-Meditation pflege ich immer zu sagen: Niemand soll den Leitgedanken vorher lesen. Er wird auf dem Weg auch ungeöffnet seine Energie entfalten, seine Informationen einfließen lassen.

Da lag nun die geöffnete Spruchrolle vor ihm.
Ein Gedanke von George Harrison, dem spirituellen Ex-Beatle:

»Alles im Leben kann warten,
nicht aber die Suche nach Gott.«

Denken wir dabei nochmals an seine Frage: »Ist es mein Weg, meine Firma wachsen zu lassen zu einem mittelständischen Unternehmen?«

Wie lässt sich die Antwort jetzt deuten?

Alles im Leben kann warten. Die Suche nach Gott aber duldet keinen Aufschub.

Kann das alles purer Zufall sein?

2. Ermutigung 2: Über den Umgang mit Zweifel und Enttäuschung

Was würde geschehen, wenn sich diese recht eindeutige Offenbarung von Christian im 5. Schritt nicht bewahrheiten ließe? Ist es überhaupt denkbar, dass sich bei dieser letzten Übung ein anderes Energiefeld zeigt?

Ganz klar – natürlich kann im 5. Schritt eine gegenläufige Tendenz sichtbar werden, ihren Ausdruck finden.

Das ist dann für die jeweilige Person zunächst einmal eine Irritation, vielleicht auch eine Enttäuschung. Es macht die Sache scheinbar komplizierter. Aber eine »Ent-Täuschung« ist ja nichts anderes als das Aufheben einer Täuschung.

Umwege sind oft Meilensteine auf dem Weg der Erfahrung und Erkenntnis.

Was wir als Umweg betrachten, ist oft die notwendige Voraussetzung für Wachstum und Reife des ganzen Menschen.

So unbefriedigend es für den Moment auch sein mag, die Botschaft kann auch lauten: Es ist noch nicht die Zeit, diese Frage zu stellen.

Oder: Es ist noch nicht die Zeit, eine Antwort auf diese Frage zu erhalten.

In diesem Fall spielt sich in deinem Inneren vielleicht ein Hin und Her, ein Dialog zwischen Herz und Verstand ab:

»Warum warten? Ich will die Antwort jetzt!«, kann dein Verstand einwenden.

»Lerne das anzunehmen, was geschieht«, mag dein Herz dir antworten.
Und es wird ergänzen: »Lerne ein achtsames Wahrnehmen, das nicht bewertet. Löse dich immer wieder von der Hektik des Tages. Dann kannst du deinem **inneren Weisen** begegnen, der lächelnd auf dem Felsen sitzt, der selbstvergessen schweigt und schaut – und zusieht, wie die Welt sich dreht.«

»Das kann ich nicht!«, will sich dein Verstand möglicherweise enttäuscht und frustriert zur Wehr setzen.

»Manchmal«, kann dein Herz antworten, »unterliegst du einer narzisstischen Kränkung, dass du nicht selbst Gott spielen kannst. Denn du möchtest alles kontrollieren. Dann aber wirst du zum **Rumpelstilzchen**. Du regst dich herzzerreißend auf, weil alles anders läuft, als du es haben willst.«

Was kann eine gegenläufige Tendenz also bedeuten?

- Vielleicht muss ich ja erst noch einen Zwischenschritt bewältigen, zum Beispiel geduldiger werden. Gelassener, zuversichtlicher.
- Vielleicht muss ich zunächst aufhören, alles bestimmen zu wollen, selbst »Gott« zu spielen.
- Möglicherweise fordert das Leben von mir weniger Kampf und aggressives Durchsetzen meiner Ziele, sondern mehr Sanftmütigkeit und Zartheit.

Wahres Mitgefühl ist immer stark.
Und die wahrhaft Starken sind voller Zärtlichkeit.

Jiddu Krishnamurti (1895-1986)
Indischer Philosoph und spiritueller Lehrer

- Möglicherweise bin ich gefordert, Dankbarkeit und Demut zu entwickeln, bevor mir eine eindeutige Antwort zuteilwird.
- Vielleicht ist die wichtigste Entscheidung, die wir zu treffen haben, die, uns vertrauensvoll in die Arme der Schöpferkraft hineinfallen zu lassen. Zu **entscheiden, nicht mehr selbst zu entscheiden**.

Das aber ist für uns Verstandesmenschen ein langer und beschwerlicher Weg, zumal Geduld nicht unsere Stärke ist.

In der Rückbindung zum 5. Schritt halte ich also fest:
Die Antwort kann sehr wohl auch mit dem Zeitpunkt und dem Grad unserer Entwicklung und unseres geistig-seelischen Wachstums zu tun haben.

> Geschieht nicht, was du willst –
> dann wolle, was geschieht.
>
> *Aus Arabien*

5. Schritt: Die Entscheidung auf dem Fußboden

Welche Antwort wird Christian erhalten?

Nach der Kennzeichnung der drei Scheiben – in Gedanken immer im Bewusstsein der Frage – legte Christian sie hintereinander, im Abstand von jeweils einem Meter auf dem Boden aus.

Langsam schritt er zwischen den Kreisen hin und her ... und sobald er den inneren Impuls verspürte, stellte er sich nacheinander auf die drei Kreise, legte dann im Schreiten eine kleine Pause ein und wiederholte die Übung insgesamt drei Mal.

Nach annähernd zehn Minuten beschrieb er sehr unterschiedliche Empfindungen:
»Auf der Scheibe mit der Zahl **1** auf der Oberseite schwankte ich ganz stark hin und her. Das war ganz schlecht. Ich bin fast

weggekippt, so nach links runter. Das könnte ich mir fast schon so vorstellen wie einen leichten Schlaganfall.

Auf der **2** hatte ich ein stabiles, ein gutes Gefühl. Es war so, als ob ein Kribbeln durch die Fußsohlen nach oben steigt. Das ging mir bis in die Fingerspitzen. Da spürte ich eine gute Energie im ganzen Körper.

Auf der **3** stand ich stabil, aber meine Arme wurden schwerer und irgendwie zog es mich runter, nach unten. Ich stand zwar relativ sicher, aber das Gefühl von Schwere überwog.«

Soll ich meine Firma wachsen lassen zu einem mittelständischen Unternehmen?

Das Aufdecken der Scheiben brachte folgende Antworten an den Tag:

Ja (1): starkes Schwanken, völlige Unsicherheit und die Assoziation: Schlaganfall

Nein (2): stabiles, gutes Gefühl mit einem Maximum an Energie

Keine Entscheidung (3): stabiles Gefühl, aber herunterziehende Schwere

Es war die **Bestätigung** der bisherigen Erkenntnisse.

Mache, was dir Erfüllung bringt.

Wolf Büntig

6. Schritt: Würdige dein Ergebnis!

Heute, drei Jahre nach diesem Entscheidungsprozess, hat Christian in seiner Firma eine zweite Führungsebene eingebaut, gönnt sich mehr Freizeit, wirkt wesentlich vitaler und auch jünger.

»Ich habe gelernt«, sagt er, »dass Erfolg im Beruf oft nur eine einseitige Befriedigung gibt. Ich bin immer noch erfolgreich, aber in einem überschaubaren Rahmen. Meine Frau war richtig glücklich, als ich die Antwort erhielt, nicht zu expandieren. Mittlerweile arbeitet sie in meinem kleinen Unternehmen mit, wir sind uns nahe und haben noch viele Pläne für die Zukunft. Aber mit Augenmaß. **Lieber etwas weglassen, als uns zu viel vorzunehmen.**

Ich bin zwar immer noch ein Kopfmensch, das kann ich nicht leugnen. Aber ich treffe keine Entscheidungen mehr, ohne auch mein Herz zu befragen. Danke für die Wegbegleitung.«

Wenn das Herz etwas Neues im Leben sucht,
macht das Gehirn gerne mit.

Gerald Hüther
Neurobiologe

3. Wenn es nicht sofort klappt – was dann?

Wenn es nicht auf Anhieb klappt, bedeutet das nicht, dass du etwas falsch gemacht hast. Eine Hauptursache ist, dass wir zu viel auf einmal wollen. Dass wir zu hektisch oder voller Ungeduld in solche Übungen hineingehen. Oder dass wir nicht überzeugt sind, dass es funktionieren kann.

Hast du dir auch schon einmal Gedanken darüber gemacht, ob du es dir wirklich und aus tiefster Seele erlaubst, Antworten über dein Herz zu erhalten?
Ja, ob du es auch wirklich verdient hast weiterzukommen auf deinem Weg des geistigen und spirituellen Wachstums?

»Natürlich erlaube ich mir das, warum denn nicht?!«, antworten viele, wenn ich sie danach frage. Sie übersehen dabei gerne, dass es eine ganze Reihe innerer **Selbstsabotage-Programme** gibt, mit denen wir uns so wunderschön fertigmachen können.

Da gibt es zum Beispiel:

- Häufige Selbst- und Fremdvorwürfe,
- Opferhaltungen und abwertende Beurteilungen,

- Katastrophen- und Verlustängste,
- zu hohe und perfektionistische Erwartungen an sich selbst und andere,
- Leiden an den Ungerechtigkeiten des Lebens,
- Schuldgefühle und Sorgenspiralen,
- Prophezeiungen und Gedanken, für die es keine Beweise gibt,
- inneres Schrumpfen auf Kleinkindalter bei bestimmten Herausforderungen oder Autoritätspersonen,
- nicht zuletzt aber auch ein unbewusster Loyalitätskonflikt mit der eigenen Herkunftsfamilie.

Sagst du dir etwa:

- Meine Schwester hat ein so schweres Leben. Da habe ich doch gar kein leichtes Leben verdient.
- Meine Eltern brauchen mich. Wenn ich sie verlasse, mache ich mich schuldig.
- Ich bin doch immer nur gescheitert. Das macht doch alles keinen Sinn mehr.
- Ich kriege nirgendwo die Anerkennung, die ich verdient habe!
- Ich bin so wütend auf das Leben! Ich fühle mich bestraft!

- In der Firma bleibt alles an mir hängen. Ich kann einfach nicht nein sagen.
- Ich höre immer noch meinen Vater: »Junge, mach was Vernünftiges. Und sicher muss es sein!«
- Leichtigkeit des Lebens? – Das Leben ist Kampf, was sonst?
- Man darf nicht faul sein. Faulheit wird bestraft.
- Ich hab nur Pech, Pech, Pech. In neun von zehn Fällen hab ich Pech!
- Verzeihen? – Meine Mutter hat mich doch nie geliebt!
- Von meinem Mann muss ich mir immer anhören: »Andere Frauen schaffen das doch auch!«
- Meine Oma sagte immer zu mir: »Für jede Sekunde Glück musst du stundenlang büßen!«
- Ich bin völlig langweilig. Einfach zu schüchtern. Mein Freund findet sowieso eine Hübschere.
- Ich stecke zwischen Baum und Borke. Ich komme gar nicht mehr da raus.
- Erst muss es den Menschen in meiner Umgebung gut gehen, dann kann es mir gut gehen.

Den inneren Selbstsabotage-Programmen sind keine Grenzen gesetzt.

Achte hier und jetzt aber auch auf deine **Sprache**. Die Art, wie du sprichst, findet einen Widerhall in deinem Körpergefühl und deinem Bewusstsein. In unserer Sprachkultur reden wir seit Urzeiten von »Wortschatz« und nicht von »Wortmüll«. Wortmüll zieht dich herunter.

»Wie ist das Wetter bei euch im Urlaub?« – »Es regnet nicht.«
»Wie geht's dir?« – »Nicht schlecht.«
So schadet uns auch die verneinende, ja geradezu ver**nicht**ende Sprache, denn sie verhindert das Fühlen. Wenn es »nicht regnet«, kann ich nicht fühlen, was die bewölkten 15 Grad in mir auslösen. Und wenn es mir »nicht schlecht« geht, vermeide ich ein aufmerksames Nach-innen-Blicken.

Da hilft nur eines: **Gib dir die Erlaubnis, dich entwickeln zu dürfen.** Ohne diese Entscheidung wirst du immer in Ängsten und Zwängen gefangen bleiben und in destruktiven Systemen verharren müssen.

Glaubst du wirklich, dein Herz, wenn du ihm die Entscheidung überlassen würdest, würde in permanenten Ketten liegen wollen? Glaubst du, dein Herz schnürte sich selbst ein?

Laufe nicht der Vergangenheit nach,
verliere dich nicht in der Zukunft.
Die Vergangenheit ist nicht mehr.
Die Zukunft ist noch nicht gekommen.
Das Leben ist hier und jetzt.

Buddha Siddhartha Gautama (ca. 420-368 v. Chr.)

Reduziere also deine Schuldgefühle. Sie sind Teil deiner Vergangenheit. **Reduziere deine Sorgen.** Sie sind nur der Zukunft geschuldet.
Erlaube dir, dich freizugeben.

Du kannst diesen Augenblick, diese Sekunde dazu nutzen, dich zu entscheiden, mit deiner ganzen Seele und deinem ganzen Herzen erwachsen zu sein. Wenn du erwachsen bist, kannst du loslassen: Verstrickungen in Familiensysteme, selbstsabotierende Grübeleien, Schuldgefühle, Hass auf das Leben oder Selbstzweifel und die Überzeugung, etwas nicht verdient zu haben.

Alles, was war, ist genau so gewesen.

Wolf Büntig

Du bist erwachsen – jetzt!

Reduziere auch hier deine Möglichkeiten.
Reduziere dich auf deine innere Wahrheit.
Du bist erwachsen und darfst dich – auch als Skeptiker – der Führung deines Herzens anvertrauen.

Wenn es nicht sofort klappt, kann es auch sein, dass du mehr Übung benötigst. Ein Meister fällt nicht vom Himmel, auch nicht in der Geh-Meditation. Schenke dir die Zeit und den Freiraum, alle Erfahrungen dieser Welt machen zu dürfen.

Vielleicht hilft dir dabei die alte Weisheit aus dem Zen: »Der Weg entsteht beim Gehen.«

Manchmal klappt es auch nicht sofort, wenn ein Mensch sich nicht auf einen einzigen Weg konzentriert, sondern sich viele Hintertüren – sprich: alternative Methoden – offenlässt. Nach dem Motto: Wenn das eine nicht unmittelbar hilft, probiere ich halt autogenes Training, Reiki und eine Rückführung aus. Oder mach mal eine Familienaufstellung.

Ich nenne das »Guru-Hopping«. Auch hier gilt:

Reduziere deine Möglichkeiten – und du gewinnst mehr Freiheit.
Du kannst alles machen, aber ich empfehle dir, dich zunächst auf einen Weg zu konzentrieren. Auf welchen, bleibt dir selbst überlassen. Aber verschieße deine Energie nicht wie mit der Schrotflinte, sondern sammle sie in deiner Mitte.

Dann geh den Weg deines Herzens.

Wir sind nicht menschliche Wesen,
die spirituelle Erfahrungen machen,
sondern spirituelle Wesen,
die menschliche Erfahrungen machen.

Willigis Jäger

VI. Leben aus dem Herzen

1. Meditation über die Stimme deines Herzens

In allem ist das Licht.
Zu allen kommt das Licht.
Aber jeder entscheidet, ob er das Licht annimmt oder nicht.

Die meisten Menschen laufen immer noch blind durch ihr Leben.

Sie sehen nicht die Schönheit und Vollkommenheit, weil sie **blind nach innen** sind.

Sie schöpfen nicht aus der inneren Quelle der Liebe und des Lichtes.

Dabei genügt ein Wechsel der Blickrichtung.

Aber der fällt vielen so schwer.
Sie blicken nach außen und verlieren den Überblick, weil das Außen gar nicht zu überblicken ist.

Ein kleiner, gezielter **Blick nach innen** ist tausendmal wertvoller – und sinnvoll dazu.

Am wichtigsten ist innerer Friede.

XIV. Dalai-Lama

Der Blick zum inneren Kristall der Seele und des Herzens würde das Leben auf der Erde radikal verändern.

Es wäre eine Transformation, ein Quantensprung auf dem Weg in eine wahrhaft menschliche und liebevolle Zukunft.

Nach innen schauen und sein Herz sprechen lassen – das ist der Weg in eine neue Lebensqualität, in ein neues Lebensethos.

Alle Machtspiele haben keinen Platz mehr, wo Herz zum Herzen spricht.

Also – lege deine Hand tagtäglich auf dein Herz, und höre, was die alte, weise Seele dir zu sagen hat.

Keine Führung kann dir deinen Weg auf dieser Erde besser beschreiben und dich sicherer leiten als die Stimme deines Herzens, die Weisheit deiner Seele.

Frage dich also nicht: »Wie soll ich mich entscheiden?«

Folge der Stimme deines Herzens.
Wenn du achtsam bist, wirst du sie hören.

Das wünsche ich dir.

Trachte erst nach dem Reich Gottes,
das inwendig in dir ist.
Das andere wird dir gegeben.

Lukas, Kapitel 17, Vers 20-21

2. Hingabe an das Leben

Wer sein Herz entscheiden lässt, spürt die Verbindung zu allem, was ist.
In spiritueller Hinsicht: Er und sie können die kosmische Datenbank »anzapfen« und nutzen.

Auch ein solches Leben geht in aller Regel nicht ohne Zweifel und Verwirrungen, ohne Konfrontation mit den inneren Schatten, ohne so manche Hängepartie ab. Aus dem Herzen zu entscheiden bedeutet ja nicht, einen sorgenfreien Weg zu gehen. Wir werden immer wieder in die Versuchung geraten, unsere Entscheidungen zu hinterfragen, zu analysieren, zu bedenken und zu bewerten. Wir werden auch immer wieder mit Zweifeln konfrontiert werden: Kam diese Entscheidung jetzt wirklich aus meinem Herzen – oder gaukelt mir der Verstand nur vor, dass mein Herz entschieden hat?

Mich drängt es auch immer wieder in Zweifel hinein. Das ist kein Fehler. Das ist einfach menschlich. Es ist eine Gnade, ganz und umfassend aus seinem Herzen leben zu können. Unsere westliche Kultur macht es uns hier nicht leicht.

Es geht um das Bemühen, um den Punkt, an dem ich entscheide, meine Energie nicht mehr länger nach hinten zu richten, nicht mehr in Schuldgefühlen und Selbstsabotage-Programmen zu verharren, sondern **die Kraft des Aufbruchs** zu nutzen und immer wieder aufs Neue Entscheidungen aus dem Herzen zu treffen.

> Wenn wir bereit sind, die Vorstellungen davon,
> wie unser Leben sein sollte, aufzugeben und
> uns zu öffnen für das, was ist, entfaltet sich
> eine ganz neue Welt vor unseren Augen.
>
> *Willigis Jäger*

Was kann uns denn wirklich passieren, wenn wir über die Ebene dieses Lebens hinaus denken? Besser noch: darüber hinaus spüren und ahnen?

Der Benediktiner und Zen-Meister Willigis Jäger[41] sagt sinngemäß:

> Jeder von uns ist eine Welle im Meer –
> aber wir sind auch das Meer.
> Jeder von uns ist eine Masche im Netz –
> aber wir sind auch das Netz.
> Jeder von uns ist ein Blatt am Baum –
> aber wir sind auch der Baum.

Wenn du magst, dann prüfe an dieser Stelle, ob dein Herz diese Empfindungen teilt. Ob es im weiten Raum deines Herzens eine Übereinstimmung gibt, eine Ahnung, dass wir in einem tieferen Sinne umfassender und größer sind als nur individuelle Wesen, die sich durch Entscheidungen hindurchquälen oder im Hin- und Hergerissensein stagnieren.

Falls du immer noch daran zweifelst, möchte ich dir eine ganz einfache Erkenntnis zu deiner inneren Größe, zum göttlichen **Licht in dir**, mit auf deinen Entscheidungsweg geben.

3. Freiflug ins Licht

Stelle dir vor, du stehst mitten in einem völlig abgedunkelten Raum. Du kannst deine Hand nicht mehr vor deinen Augen erkennen. Keinerlei Lichtschimmer fällt mehr in das Zimmer.

Du stehst also mitten in diesem Raum – und versuchst, dich zum Ausgang vorzutasten. Endlich, in dieser völligen Dunkelheit fühlst du die Tür ...
und öffnest sie.

Was geschieht?

Es wird innen heller, denn:
Das Licht fällt ins Dunkel – und nicht das Dunkel ins Licht.

Die Dunkelheit weicht.
Du kannst dich orientieren.
Die Dinge gewinnen an Kontur.
Du wirst erhellt, ja »erleuchtet«.
Auf einmal siehst du klar.
Du kennst jetzt deinen Weg.

Ein Sonnenstrahl reicht hin,
um viel Dunkel zu erhellen.

Franz von Assisi (1181-1226)
Ordensgründer

Es ist einfach wahr: Letzten Endes besiegt das Licht die Dunkelheit. Denn der Schatten ist nur der Platzhalter für das Licht.

Diese Erkenntnis hat nichts mit Esoterik zu tun. Das ist reine Physik.

Ich wünsche dir Kraft, Mut und Hingabe für den Weg deines Herzens.
Denn wer mit Liebe auf sich zugeht, gelangt in seine Mitte.
Er wird eins mit der Harmonie seiner Seele, eins mit dem Licht, eins mit der Liebe.

Das höchste Gut
ist die Harmonie der Seele
mit sich selbst.

Seneca (1-65)
Römischer Philosoph, Staatsmann und Stoiker

Ich grüße dich herzlich und verneige mich vor dem Göttlichen in dir. Auf deinem Weg in ein entschiedenes, hingebungsvolles und erfülltes Leben wünsche ich dir viel Erfolg!

Von Herzen
Georg Rupp

Anhang

77 Leitgedanken zur inneren Führung und zur Geh-Meditation

1. Nur wenn ich meine Schwächen akzeptiere, kann ich wirklich stark sein.
2. Wenn du den Gipfel erreicht hast – steige weiter.
   Weisheit aus dem Zen
3. Tiefer innerer Frieden.
4. Ich war, ich bin – und ich werde immer sein.
5. Geh in dein Herz – und du vertraust.
6. Du kannst dein Leben weder verlängern noch verbreitern – nur vertiefen!
   Gorch Fock

7. Ich habe Vertrauen in die Weisheit des Lebens.
8. Erst wenn wir uns dem Dunkel stellen, wird uns der Schritt ins Licht geschenkt.
   Julius Kardinal Döpfner
9. Sei dankbar für den Wandel – für jeden Tag und jede Nacht.
10. Wohin du auch gehst – geh mit deinem ganzen Herzen.
    Konfuzius
11. Volle Fahrt voraus!
12. Die wahren Ursachen der Zufriedenheit und der Erfüllung müssen wir in uns selbst suchen.
    XIV. Dalai-Lama
13. Tiefgang heißt: Erfahrung haben mit der Vielfalt des Lebens.
14. Gib deiner Freude Wurzeln!
15. Nur das Dunkel gibt dem hellen Schein die Bedeutung.
16. Der Weise sucht, was in ihm selbst ist – der Tor sucht außerhalb.
    Konfuzius
17. Das Leben ist immer so, wie du es siehst.
18. Lebe im Jetzt, sei offen und klar, und genieße dein Wachstum. Das ist der Weg zu einem reichen Leben.
19. Wenn du frei sein willst, musst du durch die Angst hindurch.
20. Freude ist das Lächeln des Augenblicks.
21. Liebe alle Höhen und Tiefen, die Dunkelheit und das Licht. Sie vereinen den Helden und den Weisen in dir.

22. Schuld abladen verboten!

23. Liebe ist das Einzige, was wächst, wenn wir es verschwenden.
Ricarda Huch

24. Ich bin so froh, dass es mich gibt!

25. Vor die größte Höhe hat Gott das tiefste Tal gestellt.

26. ICH BIN Liebe – alles umfassende Liebe.

27. Du musst Umwege und Verwirrung annehmen lernen, um frei zu werden für das Licht.

30. Öffne dich den Menschen – dann öffnest du die guten Seiten in ihnen.

31. Der Erfahrene hat viele Narben.
Kanadisches Sprichwort

32. Hier bin ich, Gott, und ich bin dir nahe. Ja, ICH BIN.

33. Traue keiner Stimme in deinem Inneren, die nicht liebevoll zu dir spricht.

34. Mut wächst mit dem Beginnen.

35. Freue dich – ja, freue dich – einfach so und jeden Tag!

36. Wer loslässt, hat die Hände frei.

37. Beuge dich über deinen Schmerz wie über ein Kind, das du sanft streicheln möchtest.
Jack Kornfield

38. Wer die Stille schätzt, gibt seiner Seele freien Raum.

39. Alles im Leben kann warten, nicht aber die Suche nach Gott.
George Harrison

40. Wirf dein Herz über das Hindernis – und spring ihm nach.
Goethe

41. Vertraue auf dich. Du bist gesegnet. Du findest deinen Weg.

42. Sei dankbar!

43. Glaube – und du siehst!

44. Werde wieder wie ein staunendes Kind, das die Welt entdeckt – jeden Augenblick neu.
Tibetisches Sprichwort

45. Genieße die Langsamkeit, die Ruhe, die Erhabenheit des Schweigens.

46. Leben lernen heißt loslassen lernen.
Sogyal Rinpoche

47. Entscheidungen fällen heißt: das Verschließen von Hintertüren, die wir uns gerne offen lassen.

48. Ehre die Stille. Sie ist die schönste Musik.

49. Dankbarkeit führt zur Demut – und Demut zur Weisheit.

50. Verschwende deine Liebe!

51. Sich selbst entdecken heißt: sein Herz in seiner eigenen Mitte entdecken. Sein Herz offenbaren. Es öffnen und offenlegen.

52. Panta rhei – alles fließt ...
Heraklit

53. Vor dem Mut musst du zuerst deinen eigenen Zweifel wertschätzen lernen!

54. Verliere nie den Glauben an dich und eine höhere Energie, die dich schützt und trägt.

55. Genieße das kleine Glück des Augenblicks.

56. Höre auf deine innere Stimme.

57. Habe den Mut, dein Leben so zu leben, wie du es für richtig hältst.

58. Lebe mit Hingabe!

59. Wenn du durch die Angst gegangen bist, dann fühlst du die Freiheit.

60. Wenn du die Frage stellst, ist die Antwort – »nein«!
Weisheit aus dem Zen

61. In der Liebe Gottes gibt es keine Fragen mehr.

62. Im Reichtum deiner Seele bleibst du immer im Licht.

63. Das Akzeptieren der Verwirrung macht dich frei für die Klarheit.

64. Man sieht nur mit dem Herzen gut.
Antoine de Saint-Exupéry

65. Im Zentrum der Liebe ist alles vorhanden. Und das heißt: Auch in dir ist alles vorhanden.

66. Lachen ist Angstfreiheit!

67. Geh in dein Herz, und du vertraust – so einfach sind die Dinge des Lebens.

68. Lebe deine Sehnsucht!

69. Dein Ziel ist das Licht!

70. Die wahre und tiefe Freude wächst nur in der Loslösung von deinen Erwartungen, im Freiraum deiner Seele.

71. In dir muss brennen, was du in anderen entzünden willst.
Augustinus

72. Deinen größten Feind trägst du in dir selbst!

73. Loslassen!

72. Das Vertrauen in eine liebende, göttliche Energie erweitert deinen Geist.

73. Ich blickte in meine Seele, und das Licht, nach dem ich auf der ganzen Welt gesucht hatte, war in mir.
    Weisheit des Ostens

74. Denn der Herr ist deine Zuflucht, du hast dir den Höchsten als Schutz erwählt.
    Psalm 91, 9

75. Lebe mit BeGEISTerung!

76. Du bist angekommen – endlich.

77. Die Menschen zu lieben, wie man sich selbst liebt, das ist der wahre Reichtum des Lebens.[42]

Diese 77 Leitgedanken sind meinem Buch »Das Sternum-Projekt« entnommen. Sie stehen auch zum Download unter *www.silberschnur.de/bonus/rupp* bereit.

Über mich

Im September 2010 erwachte ich aus einem Traum und wusste: Du sollst ein Buch schreiben. Nicht irgendein Buch, nein – genau das, was du jetzt in deinen Händen hältst.
Als ich an diesem Sonntagmorgen aufwachte, war das Thema da, der Titel, die Abfolge des Inhalts.
So etwas nennt man Inspiration oder auch »Botschaft« und »Offenbarung«.

Den Auftrag von oben habe ich gerne angenommen. Zehn Tage lang Rückzug und Stille, dann war das Wesentliche geschrieben. Wenn der Himmel es will, bekommt jede gute Sache Rückenwind. Dann fällt zu, was fällig ist.

Das war bei mir nicht immer so. Das Leben hat mich auch in zahlreiche Sackgassen geschickt, auf Umwege geführt.
Im Rückspiegel betrachtet, sind meine Umwege jedoch keine Irrwege gewesen. Schattenzeiten bereiten uns vor auf das Licht.

So arbeite ich heute, mit über 60 Jahren, immer noch gerne als Psychotherapeut in eigener Praxis. Ich coache viel und mit Freude, vor allem gestresste Menschen in Krisensituationen, wenn die Partnerschaft nicht mehr funktioniert oder die beruflichen Umstände geradewegs ins Burn-out führen.

Oftmals sind die Lösungen für unsere Probleme (manche sagen ja auch »Herausforderungen«) nicht innerhalb der vier uns vertrauten Dimensionen erfahrbar. Daher versuche ich als spiritueller Mensch seit vielen Jahren, hinter die Kulissen dieses Lernplaneten zu schauen. Probleme können sowieso nicht auf der Ebene gelöst werden, auf der sie entstanden sind. Da braucht es schon den »Über-Blick«. Glaube oder spirituelles Wissen sind dafür nicht notwendig, können aber helfen: **Wer tief in sich verwurzelt ist, kann sich getrost zum Himmel strecken.** Diese Wurzeln wünsche ich dir.

Wenn du dich für Themen der Entschleunigung und Herzensbildung interessierst, dann möchte ich dir mein Lebens-Lesebuch (mit zwei Praxis-CDs) nahelegen – Tiki Küstenmacher und Pater Anselm Grün empfehlen es auch. Es heißt »Das Sternum-Projekt: Die 7 Schlüssel für ein reiches Leben« und kann über meine Website **www.macht-sinn.com**, über Online-Buchhändler oder den Buchladen um die Ecke bestellt werden. Lese- und Hörproben findest du auf der Website.

Vor kurzem fand ein irischer Segensspruch zu mir, den ich dir zum Abschied noch mit auf deinen Weg geben möchte: *Möge immer die Sonne über dir scheinen, göttliche Liebe dich umgeben und das reine Licht in dir alle deine Wege beleuchten.*

In herzlicher Verbundenheit

Georg Rupp

Diplom-Psychologe, Dr. phil.

Psychologischer Psychotherapeut, Autor und Coach

Informationen und Kontakte mit dem Autor unter
www.macht-sinn.com.

Dankbarkeit

empfinde ich allen gegenüber, die mich mit Kompetenz, Freundschaft, Kritik und Ermutigung unterstützt haben.

Danken möchte ich vor allem meinen geistigen Helfern aus der für uns nicht sichtbaren, aber realen Welt, die mich immer wieder inspiriert und ermutigt haben. Viele Einsichten verdanke ich ihnen, ebenso die außergewöhnliche und berührende Erfahrung, dass wir Menschen von nichts getrennt und wahrhaft eingebettet sind in die göttliche Liebe und Harmonie.

Der wichtigste Mensch für mich, dem ich an dieser Stelle danken möchte, ist meine Frau Claudia. Ich danke ihr von ganzem Herzen dafür, dass sie seit 1970 den gemeinsamen Weg mit mir teilt und mich durch alle Irrungen und Wirrungen meines Lebens begleitet hat. Es ist nicht selbstverständlich, dass ein Mensch die vielschichtigen Lebenskrisen des Partners als Teil des gemeinsamen Weges mitträgt. Sie hat das mit einer bewundernswerten inneren Leichtigkeit, mit Selbst- und Gottvertrauen, in Geduld und Hingabe getan. Dafür bin ich ihr unendlich dankbar.
Als mir im Traum Thema und Inhalt zu diesem Buch eingegeben wurden, hat sie mich immer wieder mit dem Hinweis: »Wenn es eine Eingebung war, musst du es machen!« liebevoll unterstützt und motiviert.

Franz Mestre, Schauspieler, Regisseur und NLP-Master, arbeitete sich mit mir kompetent und freundschaftlich durch das Überangebot an

Texten und Ideen – und brachte intuitiv Ordnung hinein, wenn ich wieder einmal zu kopflastig wurde. Mit dem häufig geäußerten Hinweis »Dieser Text ist für das nächste Buch« schaffte er immer wieder Reduktion und Klarheit.

Danken möchte ich dem Benediktinerpater Dr. Elmar Salmann OSB von der Abtei Gerleve, emeritierter Professor an der Päpstlichen Universität St. Anselm in Rom, für seine jahrzehntelange Begleitung. Er verstand sich schon in meinen ersten Veröffentlichungen als »Anwalt des Herberen«, der meinen eher sanften Formulierungen einen Gegenhalt bot, damit sie nicht einseitig ins Illusionäre abglitten.

Ganz herzlich danke ich dem Silberschnur-Verlag, insbesondere den Herren Stefan und Manfred Huber für ihre Unterstützung. Ich danke allen Mitarbeiterinnen und Mitarbeitern für ihre freundliche und professionelle Arbeit.
Mein Dank gilt auch der Lektorin Isabelle Wolf. An einigen Stellen des Buches sorgte sie behutsam für den sprachlichen Feinschliff, ohne meinen Schreibstil zu verändern.

Ich danke meiner Sekretärin Ria Dicks-Böckmann und meinem Neffen Lukas Rütten, die mich besonders in der heißen Phase der Entstehung meines Buches zu jedem Zeitpunkt unterstützt haben – und das auch spätabends und an Wochenenden.

Danken möchte ich auch jedem, der dieses Buch liest und auf sich wirken lässt. Ich wünsche dir von ganzem Herzen, dass du jetzt und in Zukunft den Weg deiner Bestimmung gehen wirst.

G. R.

Anregende Literatur

Beaumont, Hunter: *Auf die Seele schauen. Spirituelle Psychotherapie.* Kösel 2008.

Behrendt, Joachim-Ernst: *Kraft aus der Stille. Vom Wachsen des Bewusstseins.* Knaur 2003.

Bleep: *What the Bleep do we (k)now!? Ich weiß, dass ich nichts weiß!* DVD, Horizon-Film 2004.

Böschemeyer, Uwe: *Unsere Tiefe ist hell. Wertimagination – ein Schlüssel zur inneren Welt.* Kösel 2005.

Burkhard, Alois: *Achtsamkeit. Entscheidung für einen neuen Weg.* Schattauer 2010.

Chödrön, Pema: *Den Sprung wagen. Wie wir uns von destruktiven Gewohnheiten und Ängsten befreien.* Goldmann Arkana 2010.

Dalai-Lama: *Die Welt in einem einzigen Atom.* Hör-CD, Theseus 2006.

Dyer, Wayne W.: *Der wunde Punkt. Die Kunst, nicht unglücklich zu sein.* Rowohlt 2009.

Dyer, Wayne W.: *Shift. Das Geheimnis der Inspiration.* DVD, Ullstein 2009.

Eurich, Claus: *Die heilende Kraft des Scheiterns. Ein Weg zu Wachstum, Aufbruch und Erneuerung.* Via Nova 2006.

Gibran, Khalil: *Der Prophet.* Anaconda 2010.

Gigerenzer, Gerd: *Bauchentscheidungen. Die Intelligenz des Unbewussten und die Macht der Intuition.* Bertelsmann 2007.

Goswami, Amit: *Das bewusste Universum. Wie Bewusstsein die materielle Welt erschafft.* Lüchow 2007.

Grün, Anselm OSB: *Auf dem Wege. Zu einer Theologie des Wanderns.* Vier-Türme 2008.

Han, Byung-Chul: *Müdigkeitsgesellschaft.* Matthes & Seitz 2010.

Hesse, Hermann: *Siddhartha. Eine indische Dichtung.* Suhrkamp 2004.

Jäger, Willigis: *Das Leben endet nie. Über das Ankommen im Jetzt.* Herder 2008.

Kabat-Zinn, Jon: *Geh-Meditation. Achtsamkeit beim Gehen.* In: *Bei sich selbst zu Hause sein.* Buch & 2 CDs, Arbor 2008.

Kaiser, Annette: *Erwachende Seele. Die zwölf Phasen des Gebets.* Kösel 2010.

Kast, Verena: *Der Schatten in uns. Die subversive Lebenskraft.* dtv 2008.

Kessler, Christina: *amo ergo sum – Ich liebe, also bin ich.* Arbor 2002.

Kever, Céline: *Quantenherz. Wenn sich Verstand und Gefühl zu einem neuen Bewusstsein vereinen.* Windpferd 2009.

Kinslow, Frank: *Suche nichts – finde alles! Wie Ihre tiefste Sehnsucht sich erfüllt.* VAK 2010.

Kornfield, Jack: *Nach der Erleuchtung Wäsche waschen und Kartoffeln schälen. Wie spirituelle Erfahrung das Leben verändert.* Goldmann Arkana 2010.

Marx, Susanne: *Herzintelligenz kompakt. Die wissenschaftlich belegte Methode.* VAK 2010.

Oppelt, Siglinda: *Quantensprung im Business. Erfolgreich in die neue Zeit.* Via Nova 2011.

Precht, Richard David: *Wer bin ich – und wenn ja, wie viele?* Goldmann 2007.

Precht, Richard David: *Liebe. Ein unordentliches Gefühl.* Goldmann 2009.

Rupp, Georg: *Das Sternum-Projekt: Die 7 Schlüssel für ein reiches Leben.* Buch, Macht Sinn 2004.

Rupp, Georg: *Das Sternum-Projekt: Die 7 Schlüssel für ein reiches Leben.* 2 CDs, Macht Sinn 2004.

Saint-Exupéry, Antoine de: *Der kleine Prinz.* Rauch 1998.

Strigel, Claus und Verhaag, Bertram: *Angst – Tor zur Freiheit.* DVD, DENKmal-Film 1992.

Terzani, Tiziano: *Das Ende ist mein Anfang. Ein Vater, ein Sohn und die große Reise des Lebens.* DVA 2007.

Thich Nhat Hanh und Nguyen Anh-Huong: *Gehmeditation. Mit Unterweisungs-DVD und fünf geführten Meditationen auf CD.* Goldmann Arkana 2008.

Tolle, Eckhart: *Eine neue Erde. Bewusstseinssprung anstelle von Selbstzerstörung.* Goldmann Arkana 2005.

Torwesten, Hans: *Der Mut, auf den Grund zu gehen. Von der Unerschrockenheit der Mystik.* Via Nova 2007.

Walch, Sylvester: *Vom Ego zum Selbst. Grundlinien eines spirituellen Menschenbildes.* O. W. Barth 2011.

Wendler, Detlef: *Vom Glück des Gehens. Ein Weg zur Lebenskunst.* Claudius 2010.

Wilber, Ken: *Mut und Gnade. In einer Krankheit zum Tode bewährt sich eine große Liebe.* Goldmann 1996.

Wilber, Ken: *Integrale Vision. Eine kurze Geschichte der integralen Spiritualität.* Kösel 2007.

Young, Thomas: *Willkommen im Herzen. Eine Reise zu dem Schatz im Inneren.* Integral 2006.

Stimmen zum Buch

Welch ein schöner Text! Ich bin begeistert von der einfachen Anleitung, die jedoch so viel Tiefe enthält. Was ich besonders gelungen finde: Das Buch vereint Wissenschaft und Spiritualität. Und Georg Rupp versteht es, die Lücke zwischen den beiden oft so gegensätzlichen Bereichen zu schließen.
Für mich ist das Wertvollste, dass das Buch Bodenhaftung hat, dass es nicht esoterisch abgehoben, sondern wissenschaftlich untermauert ist. Es macht Mut, künftig sein eigenes Herz sprechen zu lassen.

Cornelia Müller, Coach und Mentorin

⊙ ⊙ ⊙

Während die Wahrheit – auch die des eigenen Lebens – oft nur den Bruchteil einer Sekunde braucht, um aufzuleuchten, benötigt man selbst ein ganzes Leben, um wieder Ordnung in seine Gedanken zu bringen.
Georg Rupp ist ein Protagonist der Bewusstseinserweiterung. Er versteht es dabei zu helfen: nicht nur als Autor, sondern auch als zuhörender Berater und Coach.

Dr. Peter Bühner, Geschäftsführer eines mittelständischen Unternehmens

⊙ ⊙ ⊙

Mir wird so warm ums Herz, wenn ich das lese. Möge das Buch vielen Menschen helfen, den Ruf ihrer Seele zu hören.

Elisabeth Janhsen, Physiotherapeutin

⊙ ⊙ ⊙

Ob privat oder beruflich, das neue Buch von Dr. Georg Rupp macht Lust, die nächste eigene Entscheidung aus dem Herzen zu treffen.
Es bietet eine wahre Fundgrube an echten Schätzen: das Herz öffnende Impulse, Reflexionen und Meditationen – manchmal als ganz pragmatische »Geh- und Sehhilfen«.
Insgesamt finde ich es ausgezeichnet in der Dichte, Ehrlichkeit, Echtheit und Tiefe – und das alles verbindet Georg Rupp durch sein Wohlwollen und seine liebevolle Zugewandtheit, die aus jedem Absatz sprechen.
Ein Buch, von dem ich mich gerne berühren lasse.
Ein Buch, das ich immer wieder zur Hand nehmen werde.
Eine wertvolle Entscheidungshilfe und ein ausgezeichneter Lebensbegleiter.

Siglinda Oppelt, Unternehmensberaterin und Coach

⊙ ⊙ ⊙

Endlich eine gelungene Einweisung in den Segen des Endlichen als gute Gelegenheit und als Zeitraum, um sich auf dieser Erde in Freiheit zu bewähren.
Das Buch von Georg Rupp gibt praktisches Weggeleit und Entscheidungshilfen, die sich langjähriger therapeutischer und meditativer Praxis verdanken.

Pater Dr. Elmar Salmann OSB, Abtei Gerleve/Billerbeck

⊙ ⊙ ⊙

Dieses Buch hat mich sehr berührt. Es benutzt eine sehr bildhafte Sprache, und viele Gedanken von Dichtern und Denkern aller Zeiten, passend eingestreut, geben dem Leser die Gewissheit, dass es immer schon Menschen gab, die den Weg des Herzens kannten.
Es gibt viele Bücher, deren Inhalt ich vorbehaltlos zustimmen kann. Diese beantworten aber immer nur die Frage »**Was** soll ich ändern? **Wozu** soll ich mich ändern?« Meist ist die Antwort, in seine eigene Mitte zu kommen, sein Herz zu spüren, ein Leben in Verbundenheit mit Gott zu führen, seine eigene Bestimmung zu finden ... Immer kann ich aus vollem Herzen zustimmen. Aber dann kommt die Frage »**Wie** kann ich in diesen wünschenswerten Zustand gelangen? Welcher Weg führt mich dahin?« Darauf geben diese Bücher leider keine konkrete Antwort. Dies aber ist hier anders. Den im dritten Teil beschriebenen Weg in sechs Schritten kann jeder Mensch gehen. Und deshalb ist dieses Buch ein wahrhafter »Entwicklungs-Helfer«.

Angela Bode, Lehrerin

Anmerkungen

1. Richard David Precht: »Wer bin ich – und wenn ja, wie viele?«. Goldmann 2007.
2. Übersetzt: Du kannst nicht immer bekommen, was du willst.
3. Heiko Ernst: Psychologie heute, Editorial. Beltz Mai 2011.
4. Zitat Gerald Hüther. In: Rainer Harf: Der Pulsschlag der Moderne (GEOkompakt Nr. 27: »Das Rätsel ZEIT«, Gruner+Jahr 2011). Hervorhebung durch den Verfasser.
5. Lebenshilfe bietet uns das bekannte Märchen der Gebrüder Grimm vom »Hans im Glück«. In der Interpretation von Dr. Friedrich Assländer (www.f-asslaender.de) besagt der spirituelle Sinn: Hans hat endgültig alles, was er meinte sein oder tun zu müssen, verloren. Er wirft die Dinge, die ihm gegeben werden, nicht weg, sondern lässt das Leben geschehen. »'So glücklich wie ich', rief er aus, 'gibt es keinen Menschen unter der Sonne!' Mit leichtem Herzen und frei von Last sprang er nun fort, bis er daheim bei seiner Mutter war.« Als Hans auf der materiellen Ebene alles verloren hat, ist er frei von Wünschen, Zukunftsängsten und Ideen.
6. Am Anfang der biblischen Schöpfungsgeschichte war der Garten! (Genesis, Kapitel 2, Vers 8-15)
7. Gott wird in der biblischen Darstellung auch als »der große Gärtner« oder »der Winzer« bezeichnet. (Vergleiche Johannes, Kapitel 15, Vers 1-8)

8. Dr. med. Wolf Büntig, Arzt und Psychotherapeut, weist auf den Unterschied zwischen Identität und Identifikation hin. Für ihn verhält sich Identifikation zur Identität wie der Schein zum Sein, die Persönlichkeit zur Person. Identität drückt aus: Ich nehme mit meinen Sinnen wahr – ich bin, der ich bin. Was ich darüber hinaus über mich selbst zu wissen glaube, ist mein konstruiertes Selbstbild, ist Identifikation. Mein Wesen, meine Identität, kann nie verletzt werden, nur meine Identifikation oder mein Image.
   Eine gut verständliche Einführung zum Thema findest du auf der Vortrags-CD »Identifikation und Identität« von Wolf Büntig, erschienen im Auditorium Netzwerk 2006. www.auditorium-netzwerk.de.
9. Vergleiche Wayne W. Dyer: Der wunde Punkt. Die Kunst, nicht unglücklich zu sein. Rowolth 2009.
10. Der Frage- und Antwortstil ist eine meiner Meditationsformen. Selbstverständlich höre ich bei den Antworten keine »fremden« Stimmen, die Gedanken entstehen durch starke Konzentration und Hingabe. Aber manchmal wundere ich mich: So würdest du nie denken. Auf die Idee wärst du nie gekommen. Oder sogar: Das kannst du gar nicht wissen. Dann wird mir klar: Diese Gedanken sind nicht von mir, sie kommen aus einer anderen Quelle. Ich bin überzeugt: Sie sind göttlichen Ursprungs. Das will ich nicht verleugnen. Deshalb sind alle Texte, alle Inspirationen, die ich von einer höheren Intelligenz erhalten habe, deutlich durch den Frage-Antwort-Stil gekennzeichnet.
11. Sternum (lat.) = Brustbein. Vom altgriechischen στέρνον: Brust, Herz, Gemüt. Sinnbild für das Herz-Chakra, die Weisheit und Intelligenz des Herzens.

Eine ausführliche Beschreibung des Sternums als Symbol für den Berührungspunkt der Seele findest du in meinem aufwändig gestalteten Lebens-Lesebuch: »Das Sternum-Projekt: Die 7 Schlüssel für ein reiches Leben«. Lese- und Hörproben unter www.macht-sinn.com.

12. Matthäus, Kapitel 14, Vers 22-33.

13. Zu diesem »Kurzfilm« wurde ich angeregt durch eine Interpretation von Pater Andreas Werner OSB, Benediktinerabtei Gerleve, Billerbeck. www.abtei-gerleve.de.

14. Oft fragen mich Patienten: »Wie kann ich lernen zu vertrauen?« Tiefes Vertrauen gibt es weder geschenkt noch zum Nulltarif. Eine Einübung in das Vertrauen heißt immer auch: sich zuvor dem Widrigen stellen, Widerstände erleiden, durch Widrigkeiten hindurchgehen, auch den eigenen Zweifel durchleben. Vertrauen setzt die Konfrontation mit den inneren Schattenseiten voraus.
    Das Vertrauen in Jesus einzuüben bedeutet auch, sich den konfrontierenden und herben Seiten Jesu anzuvertrauen. Ihn auf die liebliche »Herz-Jesu-Frömmigkeit« zu reduzieren, würde ihm nicht gerecht. Er stellt uns auch infrage.

15. Im Originaltext bei Matthäus zeigt sich, dass Jesus nicht nur der Unterstützer und Förderer ist, sondern Petrus auch den Spiegel vorhält: »Du Kleingläubiger, warum hast du gezweifelt?« Jesus ermutigt, aber er ist auch der Widerständige. Der Gegenhaltende. Der Ermahnende. Der streitbare »Diamantenschleifer«. Und der Ermöglicher des Glaubens.

16. Vergleiche Jakobus, Kapitel 1, Vers 6.

17. Vergleiche Richard David Precht: »Liebe. Ein unordentliches Gefühl«. Goldmann 2009.

18. Ausschnitt aus acht Meditationen zum Sternum-Projekt, veröffentlicht auf zwei CDs. Hörproben findest du unter www.macht-sinn.com.

19. Desmond Morris in seinem Buch »Körpersignale: Vom Dekolleté zum Zeh«, Heyne 1996.

20. Dr. Andrew Armour führte im Jahr 1991 als Erster den Begriff »heart brain« (Herzgehirn) in die wissenschaftliche Diskussion ein.

21. Der Begriff »Herzintelligenz®« ist ein eingetragenes Markenzeichen des Institute of HeartMath® (IHM). Connecting Hearts and Minds (übersetzt: Institut für HerzMathematik. Herz und Verstand verbinden), www.heartmath.org.

22. www.shamanism.com

23. Die Indianer postieren das heilige Tier des Stammes vor ihrer Brustmitte, vor dem Eingang zum Herzen. Warum?
Damit keine schlechten und bösen Einflüsse von außen ins Herz dringen können. Dieser Wächter des Herzens passt aber auch auf, dass die Wunden bearbeitet werden, die das Herz noch beeinträchtigen können.

24. »Der kleine Prinz«, Erzählung von Antoine de Saint-Exupéry. Rauch 1998.

25. 1. Buch Mose, Kapitel 19.

26. Die Redewendung »auf Nummer sicher gehen« bedeutet ursprünglich »auf Nummer Sicher sitzen«. Die »Nummer Sicher« verweist auf die Gefängniszellen einer Haftanstalt. Die Zellen sind nummeriert, und die Bösewichter dahinter sind – in aller Regel – sicher verwahrt. Da lag es auf der Hand, die beiden Wörter »Nummer« und »sicher« zusammenzuziehen. Und aus

der Gefängniszelle wurde somit die »Nummer Sicher«. Was sagt uns das? Auf »Nummer sicher gehen« entspricht in der Tat einem äußerst engen Leben.

27. Dr. Wolf Büntig, Mitgründer und Leiter von ZIST, www.zist.de.

28. www.institutsteib.de.

29. Ich habe es im WM-Finale 2002 zwischen Deutschland und Brasilien selbst probiert – keine Chance! Die innere Botschaft lautete: »Dafür sind wir nicht da!« So ist es.

30. Seminare und Workshops unter www.macht-sinn.com.

31. Die 77 Leitgedanken habe ich ohne Ausnahme meinem Buch »Das Sternum-Projekt: Die 7 Schlüssel für ein reiches Leben« entnommen, das ich weitgehend in Meditationen geschrieben habe. Dazu noch ein kleiner Exkurs zum sogenannten Positiven Denken: Keiner dieser 77 Gedanken ist Teil des Positiven Denkens. Denn das weitverbreitete Positive Denken macht überhaupt keinen Sinn. Positives Denken hilft nur solchen Menschen, die bereits positiv denken. Menschen, die überwiegend negativ denken, können von den Affirmationen des Positiven Denkens nicht profitieren, da negative Einstellungen – gepaart mit entsprechenden Körperempfindungen und Gefühlen – in anderen Hirnregionen verankert sind. Das hat die Hirnforschung in den letzten Jahren nachweisen können.

32. www.thomasyoung.net.

33. Selektive Wahrnehmung meint ein psychologisches Phänomen, bei dem nur bestimmte Aspekte der Umwelt fokussiert wahrgenommen, andere aber völlig ausgeblendet werden.
Selektive Wahrnehmung tritt auch ein, wenn der Wunsch zum Vater des Gedankens wird.

34. Die Quantenphysik bestätigt die Verbundenheit aller Quanten durch – einfach formuliert – Informationsvorgänge. (Vergleiche den sogenannten EPR-Effekt von Einstein, Podolski, Rosen.) Tenzin Gyatso, der XIV. Dalai-Lama, erklärt aus buddhistischer Sicht: »Die Welt in einem einzigen Atom«, Hör-CD, Theseus 2006. Der amerikanische Physiker Amit Goswami spricht sogar vom universellen Bewusstsein, neben dem es nichts anderes gibt. Hauptwerk: »Das bewusste Universum. Wie Bewusstsein die materielle Welt erschafft«, Lüchow 2007.

35. Begründer der »Mindfullness Based Stress Reduction«, der Stressbewältigung durch die Praxis der Achtsamkeit, und Pionier der Ganzheitsmedizin.

36. Zur Vertiefung oder achtsamen Lebensführung empfehle ich unter anderem Literatur der im Text erwähnten Autoren:
    1. Thich Nhat Hanh und Nguyen Anh-Huong: Geh-Meditation. Mit Unterweisungs-DVD und 5 geführten Meditationen auf CD. Goldmann Arkana 2008.
    2. Jon Kabat-Zinn: Geh-Meditation. Achtsamkeit beim Gehen. In: Bei sich selbst zu Hause sein. Buch & 2 CDs. Arbor 2008.
    3. Dr. Anselm Grün OSB: Auf dem Wege – Zu einer Theologie des Wanderns. Vier Türme 2008.
    4. Detlef Wendler: Vom Glück des Gehens – Ein Weg zur Lebenskunst. Claudius 2010.

37. Arbeitsmaterialien stehen auch zum Download bereit unter: www.silberschnur.de/bonus/rupp

38. Bert Hellinger, Psychoanalytiker und Autor, entwickelte die ihm eigene Form des Familienstellens.

39. Milton Hyland Erickson (1901-1980), amerikanischer Psychiater und Psychotherapeut, ist Gründer der Amerikanischen

Gesellschaft für Klinische Hypnose. Im Unbewussten des Menschen sah er eine nicht endende Kraftquelle zur schöpferischen Selbstheilung. Ergänzung aus Sicht der Quantentheorie: Das Unbewusste besitzt einen Anteil an einer riesigen Fülle von Möglichkeiten, welche die Freiheitsgrade der Logik weit übersteigt.

40. Nach der Autorin Susanne Marx verbindet uns unser Herz »mit einem hochintelligenten Informationsfeld, das nicht an Raum und Zeit gebunden ist beziehungsweise diese überschreitet«. – Gut lesbare Einführung in die Herzintelligenz®: Dr. Susanne Marx: »HerzIntelligenz kompakt. Die wissenschaftlich belegte Methode«. VAK 2010.

41. www.west-oestliche-weisheit.de, www.benediktushof-holzkirchen.de.

42. Warum gerade 77 Gedanken und nicht mehr oder weniger? Nach 77 Antworten hörten die Impulse auf, die ich in der Meditation erhielt. Dann soll es wohl so sein.

Eileen Caddy & David Earl Platts

Die Tore zur Liebe öffnen

Ein Findhorn-Buch

Können wir lernen zu lieben? Oder müssen wir nur warten – und es geschieht von selbst?
Wir alle sind mit der Fähigkeit geboren, uns selbst und andere zu lieben. Schmerzvolle Erfahrungen haben jedoch dafür gesorgt, dass viele von uns innere Schutzwälle errichtet und Ängste, Überzeugungen und Verhaltensweisen entwickelt haben, um diese inneren Barrieren aufrechtzuerhalten. Die wichtigste Lektion im Leben ist es daher, wieder lieben zu lernen ...
Dieses Buch lädt Sie ein, die freie Entscheidung zu treffen, mehr Liebe in Ihr Leben zu bringen, und es hilft Ihnen, diese Entscheidung Schritt für Schritt klar und entschlossen umzusetzen.

232 Seiten, Klappenbr.
ISBN 978-3-89845-288-5
€ [D] 14,90

Fred Matser

Für eine Welt mit Herz

Ein Findhorn-Buch

Weisheit ist Wissen, das Wohlergehen fördert!
»Wenn es ein paar mehr Menschen wie dich gäbe, dann würde sich die Welt verwandeln ...«, schreibt Deepak Chopra über den Holländer Fred Matser, der es sich zum Ziel gesetzt hat, mit gegenseitiger Inspiration und Hilfe zur Selbsthilfe eine funktionalere Gesellschaft zu erschaffen.
Wie er diese Gesellschaft sowohl spirituell als auch praktisch versteht, erläutert Matser an dem von vielen Menschen als problematisch empfundenen Status quo der Welt. So stellt der Autor sieben Prinzipien vor, die helfen, einen Wandel in uns selbst und in der Welt herbeizuführen.
Dieses Buch ist eine inspirierende Ideenquelle und lädt den Leser dazu ein, gemeinsam mit anderen eine bessere Welt zu schaffen.

448 Seiten, Klappenbr.
ISBN 978-3-89845-317-2
€ [D] 19,90

78 Karten im Karton
EAN 4260075280-240
€ [D] 11,90

Berthold Gunster

Ja-aber®-Entscheidungskarten

Wir alle werden tagtäglich mit kleineren und größeren Entscheidungen konfrontiert.
Manchmal zweifeln oder zögern wir, wissen nicht, was wir tun sollen, oder flüchten uns in das bequeme »Ja, aber ...«. Wir sehnen uns nach Veränderung, doch die Angst vor Misserfolg bremst uns.
Um uns in diesen Zeiten des Zweifels zu helfen, hat Berthold Gunster seine »Ja-aber®-Entscheidungskarten« entwickelt. Die Arbeit damit ist einfach: Formulieren Sie eine klare, eindeutige Frage, konzentrieren Sie sich und ziehen Sie eine Karte – die Ihnen Ihre Frage sofort beantwortet.

208 Seiten, broschiert
ISBN 978-3-89845-331-8
€ [D] 12,90

Beate Bock

Un-Mögliches möglich machen

Ein Übungsbuch

Der Erfolgstitel zur positiven Veränderung!
Die erfahrene Seminarleiterin Beate Bock legt hier ein Übungsbuch vor, das sie – zusammen mit ihren geistigen Freunden – aus der Praxis heraus für das alltägliche Leben entwickelt hat: eine Sammlung von 23 äußerst effektiven Übungen, um Schritt für Schritt mehr Liebe, Zufriedenheit und Erfolg im Leben zu erfahren. Lesen Sie, wie Sie von Herzen loben und verzeihen lernen, wie Sie Vertrauen entwickeln, Positives Denken verinnerlichen und dadurch zu mehr Lebensfreude gelangen. Ein Übungsbuch für jeden, der seinem Leben eine neue Richtung geben will!

Franziska Krattinger

Das Leben geht weiter ... und DU?

Wissen Sie, was Schaltworte sind? Sind Sie in der Lage, durch Reden Macht zu bekommen? Beherrschen Sie die Körpersprache?
Lernen Sie mithilfe dieses kleinen Ratgebers, Ihre realen wie auch Ihre nonverbalen Äußerungen sowie die Ihres Umfelds zu entschlüsseln – und werden Sie zu einem bewussten Menschen, der nicht auf alles »antwortet«, also reagiert, sondern der nur agiert, wenn es seinem persönlichen Willen entspricht.

192 Seiten, Klappenbr.
ISBN 978-3-89845-136-9
€ [D] 11,90

Franziska Krattinger

Erfolgsrezepte

Greife nach den Sternen, wenn du wachsen willst!

Menschen leben in ihren Gewohnheiten, und sie wiederholen sich ständig. Um seine Gewohnheiten, die allein aus fixiertem Denken entstehen, zu ändern, muss der Mensch zuerst auf andere Gedanken kommen. Denn andere Gedanken bringen neue Vorstellungen, und neue Vorstellungen bringen neue Lebenssituationen. Die richtige Einstellung macht jeden Menschen zum Gewinner! Franziska Krattinger hilft den Menschen, auf andere Gedanken zu kommen und so ihr Leben mit wahrer Freude, tiefer Liebe und verstärktem Bewusstsein dauerhaft zu verändern, um sich so den Weg durch den Alltag zu erleichtern.

160 Seiten, Klappenbr.
ISBN 978-3-89845-054-6
€ [D] 9,90

160 Seiten, broschiert
ISBN 978-3-89845-292-2
€ [D] 6,95

Barbara Berger

Meditationen

Tore zum Bewusstsein

Verschiedene Wege führen zur Erfahrung von glückseligen, erweiterten Bewusstseinszuständen, jener globalen Revolution, die in unserer Zeit stattfindet. Ein einfacher Weg zu diesem höheren Bewusstsein sind die Meditationen von Barbara Berger.
Die Bestseller-Autorin vermittelt fundiert und immer leicht nachvollziehbar verschiedene Meditationsformen. In gewohnt unkomplizierter Art erklärt sie neben praktischen Übungen auch die Stolpersteine, die eine erfolgreiche Meditation verhindern können. Den Meditierenden erwartet u. a., wie der Verstand, die ewige »Quasselstrippe«, beruhigt werden kann, wie man besser schläft, jünger aussieht oder effektiver arbeiten kann ...

160 Seiten, broschiert
ISBN 978-3-89845-322-6
€ [D] 12,90

Teymur Schafi-Neya

Was dich wirklich weiterbringt

Neue Wege für ein sinnhaftes Leben

Viele Menschen erleben gerade in der heutigen Zeit den Druck, äußeren Erwartungen gerecht werden zu müssen.
Im Alter von 34 Jahren fand das angepasste Leben des Autors sein Ende. Seine Nahtoderfahrung sollte sein ganzes Leben verändern, und plötzlich schien all das, was sein Leben vorher ausgemacht hatte, nicht mehr wichtig zu sein. Alles, was nun noch zählte, war die Suche nach den Antworten auf die essenziellen Fragen des Lebens: Warum bin ich hier, wer bin ich und was ist der Sinn des Lebens?
Der erfolgreiche Unternehmensberater verbindet Spiritualität und Beruf. Er lässt uns an seiner Sinnsuche teilhaben und führt den Leser dabei zu tiefgründigen Einsichten, die es jedem ermöglichen, über seine begrenzte Sicht hinauszuwachsen, um kraftvoll zu agieren, ohne sich körperlich und geistig zu verbrauchen ...